修订版

LEWIS
DARTNELL

大灾变后如何快速
再造人类文明

[英]
刘易斯·达特内尔
著

秦鹏
译

THE
KNOWLEDGE

HOW TO REBUILD OUR WORLD
FROM SCRATCH

天津出版传媒集团
天津科学技术出版社

著作权合同登记号：图字 02-2020-181

图书在版编目（CIP）数据

世界重启：大灾变后如何快速再造人类文明 / (英) 刘易斯·达特内尔著；秦鹏译. -- 修订本. -- 天津：天津科学技术出版社，2020.7

书名原文：THE KNOWLEDGE: How to Rebuild Our World from Scratch

ISBN 978-7-5576-8244-6

Ⅰ.①世⋯ Ⅱ.①刘⋯ ②秦⋯ Ⅲ.①科学知识 – 普及读物 Ⅳ.①Z228

中国版本图书馆CIP数据核字(2020)第113841号

世界重启：大灾变后如何快速再造人类文明（修订版）
SHIJIE CHONGQI : DA ZAIBIAN HOU RUHE KUAISU
ZAIZAO RENLEI WENMING (XIUDINGBAN)

选题策划：联合天际·王微
责任编辑：布亚楠
出　　版：天津出版传媒集团
　　　　　天津科学技术出版社
地　　址：天津市西康路35号
邮　　编：300051
电　　话：（022）23332695
网　　址：www.tjkjcbs.com.cn
发　　行：未读（天津）文化传媒有限公司
印　　刷：三河市冀华印务有限公司

开本 880 × 1230　1/32　印张9.5　字数194 000
2020年7月第1版第1次印刷
定价：68.00元

关注未读好书

未读 CLUB
会员服务平台

献给我的妻子维姬，

　　谢谢你答应我。

目录

"用这些片段，我支撑着我的断壁残垣。"

托马斯·艾略特，《荒原》

序言

我们熟悉的世界已经消亡。

一种极为致命的禽流感毒株终于冲破了物种界限，成功地感染了人类宿主，或者在一次生物恐怖主义活动中被蓄意释放出来。在当今这个时代，都市人口密集，空中交通连接着不同的大洲，传染之快达到了毁灭性的程度。在任何有效免疫措施甚至隔离命令得到落实之前，全球人口的一多半便已经被病毒所杀。

或者印度和巴基斯坦之间的紧张关系终于发展到极限，一次边界冲突的升级令双方都失去了理智，导致了核武器的使用。核弹头独特的电磁脉冲被某邻国国防监控系统探测到，引发了一轮针对印度盟友美国的先发制人的攻击。美国及其欧洲盟友和以色列随即展开报复。全世界的主要城市都化作了放射性玻璃构成的崎岖原野。进入大气层的巨量尘土和灰烬减少了能够照射到地面的阳光，造成长达几十年的核冬天，继而导致了农业的崩溃和全球性的饥荒。

或者事情根本就不在人类的掌控之中。一颗直径仅有 1 千米的石质小行星击中了地球，急剧改变了大气环境。距离撞击点几百千米之内的人立刻死于高温高压的冲击波，而在那个范围之外的大部分幸存者也只是在苟延残喘。小行星落在哪个国家并不重要：石块和尘土被高高地抛入大气层——此外还有热浪引发的大范围火灾生成的烟尘——在风的助力下遮蔽了整个星球。就像核冬天一样，全球气温的下降造成了世界范围内的粮食绝产和大规模饥荒。

很多以后末日世界为主题的小说和电影都会有诸如此类的情节。大灾过后的场景往往被描绘得贫瘠而暴力——就像在《疯狂的麦克斯》（*Mad Max*）或者科马克·麦卡锡（Cormac McCarthy）的小说《路》（*The Road*）中那样。成群结队的拾荒者四处漫游，囤积剩余的食物，残酷无情地猎杀那些较为缺乏组织和武装的人。我疑心，至少在最初的灾难打击过后的一段时间内，真实情况或许跟上述的描述相去不远。不过我是个乐观主义者：我认为道德和理智终将占据上风，幸存者最终还是会开始定居和重建。

我们熟悉的世界已经消亡。关键的问题是，现在该怎么办？

一旦幸存者们认识到自己的窘境——之前的生活所依赖的基础设施已经全部崩溃——他们该怎么做才能在灰烬中崛起并确保长期的繁荣？他们又需要哪些知识才能尽快恢复重建？

本书是一本针对幸存者的指南。它不仅探讨如何让人们在灾难后的几个星期里活下去——介绍生存技能的参考书已经够多了——还要传授如何精心策划先进技术文明的重建。如果你手边没有一个能够运作的样例，你能说出来如何制造一部内燃机、一架钟表或者一台显微镜吗？或者是更基础的问题，如何成功地种植庄稼以及制作衣服？不过，我所描述的灾难场景同时也是一个思维实验的出发点：我们将借助它们考察科学与技术的基本原理，因为随着知识日益专业化，这些基本原理对我们大多数人来说已经非常生疏。

发达国家的居民已经与维持其生存的文明过程脱节。作为个人，哪怕是对于制造食物、避难所、衣服、药物、原料或者关键物资等基本技能，我们都表现出惊人的无知。我们的生存技能已经退化到这样的程度：假如现代文明的生命支持系统失效，假如食物和衣服不再奇迹般地出现在商店的货架和衣架上，大部分人类都将过不下去。当然，曾几何时每个人都是生存专家，那时候人们与土地的联系很密切，对生产方法很熟悉，而要想在后末日世界中生存下去，你需要倒转时钟，重新学习这些核心技能。[1]

更重要的是，在我们已经习以为常的每一项现代技术背后，都有着大量关联成网的其他技术作为支撑。仅仅了解每一个零件的设计和材料，远不足以制作出一部 iPhone。这部手机雄踞在一座庞大金字塔的塔尖，而构成塔身的则是很多使之得以出现的技术：开采和精炼用于制作触摸屏的稀有元素铟；用高精度的光刻法制造计算机处理芯片中的微电路，以及扬声器中那些小得不可思议的零件，更别提维持远程通信和手机功能所必需的无线基站网络和基础设施。

1　与此相似的小规模情境曾在现代历史上出现过：1991 年苏联解体之后，小小的摩尔多瓦共和国经历了一次严重的经济衰退，人民不得不自给自足，重新学会了使用纺车、手织机和奶油搅拌器等这些已经进了博物馆的技术。

文明崩溃之后出生的第一代人会觉得现代手机的内部机理完全无法理解，微芯片电路的走向细微得用肉眼无法辨认，而其目的则更是彻底的深不可测。科幻作家阿瑟·克拉克（Arthur C. Clarke）曾在1961年说过，任何足够先进的技术都与魔法无异。在大灾之后的时代，令人懊恼之处在于，这些不可思议的技术并不属于某种远在繁星之间的外星人，而是属于我们自己过去的某个世代。

在我们的文明中，即便是那些算不上高科技的寻常物品，也要用到很多种必须通过开采或者其他方式获得并在专业化工厂里加工的原材料，以及在生产设施内组装的独特零件。而这一切又依赖发电站和远距离运输。1958年，在一篇以我们最基本工具之一的视角写就的随笔《我，铅笔》（I, Pencil）中，莱昂纳德·里德（Leonard Read）以极富表现力的手法表达了这一观点。该文的结论令人震撼：由于原料来源和生产手段的分散，哪怕这样一个最简单的工具，地球上也没有一个人拥有足够的能力和资源制造出来。

对于我们的个人能力和日常生活中哪怕是简单物件的生产之间的鸿沟，托马斯·思韦茨（Thomas Thwaites）曾在2008年做过一次令人信服的展示。当时他正在英国皇家艺术学院攻读硕士学位，想要从无到有地制作一台烤面包机。通过逆向工程，他把一台便宜的烤面包机分拆成简单明了的基本构件：铁质框架、云母绝缘层、镍质加热丝、铜线和插头以及塑料外壳——然后通过在采石场和矿山挖掘，亲自采集到了所有的原材料。他还翻阅了一部16世纪的文献，查阅出历史上较为简单的冶金技术，利用一个金属垃圾箱、烧烤木炭和一台鼓风机建造出一座原始的炼铁炉。最后的成品既带着令人愉悦的质朴，又散发着其自身的奇异美感，同时巧妙地凸显了我们所面临问题的核心。

当然，即便在一种极端的末日场景中，幸存者群体也并不需要立刻自给自足。假如绝大多数人口都死于一种非常致命的病毒，那么大量的资源都会留下来。超级市场仍然保存着充足的食物，你可以在废弃的百货商店里选一身崭新而好看的名牌服装，或者从展厅里开走一辆梦寐以求的跑车。找一座荒废的别墅，稍微搜寻一番，就不难找到一些移动柴油发电机来保持电灯、暖气和设备的运行。加油站的地下燃料池还在，足够让你的新家和汽车在相当长的时间里保持完备的功能。事实上，小群体的幸存者可能在大灾之后短时间内过得相当舒适。文明可以暂时凭借本身的惯性顺势滑行。幸存者们会发现自己周围充满了任由取用的资源：一个丰饶的伊甸园。

但是，这个伊甸园正在腐烂。

随着时间的推移，食物、衣服、药品、机械和其他技术都会被无情地分解、腐烂、变质和降解。幸存者拥有的不过是一段宽限期。随着文明的崩溃和关键过程——采集原材料、精炼和生产、运输和分配——的突然终止，沙漏被掉转过来，沙子徐徐流淌干净。剩余资源能够提供的无非是一个安全缓冲，让幸存者们不得不重新开始农耕和制造之前拥有一段好过一点的过渡期。

重启手册

幸存者面临的最重大问题是，人类知识是集体共有的，分散在全部人口当中。没有任何个人知晓维持社会关键过程运行所需的足够知识。即便钢铁铸造厂里一位经验丰富的技师幸存下来，他所了解的也仅仅是他本人工作的细节，对铸造厂里其他工人所掌握的、为维持生产不可或缺的知识，则知之甚少，更别提如何开采铁矿石或者提供让工厂运行的电力了。我们日常生活中用到的那些最显眼的技术仅仅是冰山一角——这不仅是说它们建立在一个支持生产的巨大制造和组织网络之上，还因为它们代表了很长一段进步和发展史留下的遗产。在空间和时间中，冰山都不为人所见地延伸着。

那么幸存者该向何处寻求出路？在已经废弃了的图书馆、书店和家庭中，书架上蒙尘的书中肯定还保留着大量的信息。然而这些知识的问题在于，它们被呈现的方式并不适于帮助一个从零开始的社会或者一个不曾接受专业训练的人。假如你从书架上抽出一本医学教科书，翻看它满是术语和药物名称的内容，你认为你能理解多少？大学医学教科书是以读者掌握了大量预备性知识为前提的，而且计划的使用方式是与现有专家的教学和实践展示相结合的。即便第一代幸存者中有医生，没有测试结果或者他们曾学会使用的丰富的现代药物，他们能够做的也极为有限——药店的货架上、医院里已经失效的存储冰柜里，药物将会分解变质。

序言

　　出于空旷城市中无人控制的火灾等原因，这些学术文献很多都会遗失。更糟的是，每年产生的大量新知，包括我和其他科学家在我们自己的研究中提出并用到的那些，很多根本没有存储在任何持久的媒介上。人类最前沿的知识主要以转瞬即逝的数据——比特的形式存在，比如专业期刊网站服务器上存储的学术论文。

　　即便是以一般读者为目标受众的书籍也不会有太大帮助。你能否想象一群只能读到普通书店中的书籍的幸存者？借助一些关于怎样在商业管理中取得成功、如何通过想象训练来减肥，以及如何阅读异性身体语言的自助指南中所蕴含的智慧，试图重建文明的努力究竟能走多远？而假如后末日时代的社会发现了几本发黄变脆的书，并把它们当作古代的科学智慧，试图应用顺势疗法来控制瘟疫，或者运用占星学来预测农业收成，则更是最荒谬的梦魇。哪怕是科学领域的书籍也不会有太大帮助。介绍最新流行科学的畅销书或许写得引人入胜，以聪明的隐喻方法运用了日常生活中的观察，让读者对一些最新的研究有了较为深刻的理解，但是这些书或许不会产生多少实用的知识。简言之，对于大灾难的幸存者来说，我们的集体智慧中会有很大一部分是无法获取的，至少无法以有用的形式获取。那么怎样才可以尽可能地帮助幸存者？指南应当提供哪些关键信息，这些信息又该如何组织？

　　我并不是纠结这个问题的第一人。詹姆士·拉夫洛克（James Lovelock）这位科学家保持着一项令人敬畏的纪录，那就是先于其同行很久便触及了一个问题的核心。他最为世人所熟知的思想便是盖亚假说，该假说认为整个地球——由岩层、海洋和循环的大气层构成的复杂集合体，以及覆盖于整个地表的薄薄一层生命——可以被理解为单一的个体，而亿万年以来，这个个体一直在降低不稳定性以及自我调节其环境。拉夫洛克深深忧虑，这一系统中的一个元素——智人，现在已经有能力通过毁灭性的行为破坏这种自然的制约和平衡。

拉夫洛克借用生物学上的类比来解释我们该如何保护自己的遗产："面临干燥问题的有机体常常把它们的基因封入孢子，这样它们重获新生所需的信息就能够挺过干旱期。"在拉夫洛克的想象中，孢子在人类身上的等价物是一本全天候适用的书。"一本初级科学读物，文字简明，含义清晰——适用于任何对地球的状态以及如何在地球上生存并生活舒适感兴趣的人。"

他所提出的其实是一项真正浩大的工程：在一本极为厚重的课本中记录下人类知识的完整集合——至少在原则上，一旦读完这本著作，你便理解了当今所有知识的精髓。

事实上，关于"全书"的想法，有着更为悠久的历史。过去那些百科全书的编撰者远比今天的我们更加了解，哪怕是伟大的文明也同样脆弱，而保存在人们头脑中、一旦社会崩溃就会消失的科学知识和实践技能则有着绝高的价值。狄德罗（Denis Diderot）对他主编的那部首卷出版于 1751 年的《百科全书》（*Encyclopé die*）有着明确的功能定位：人类知识的保险仓库，万一我们的文明被某次灾难性事件毁灭，就像古埃及、古希腊和古罗马等古代文明一样消亡，

序言

只留下片言只语的文字记录，这部著作可以为后人保存住我们的知识。这样，百科全书就变成了保存知识积累的时间胶囊。知识在其中以符合逻辑的方式得到安排整理，并可交互参考，即便发生影响深远的灾难，也能受到保护，免遭时间的侵蚀。

自启蒙运动以来，我们对世界的理解有了指数级的增长，编撰一部人类知识总纲要的任务如今更是困难了若干个数量级。创造这样一部"全书"将成为当代的金字塔建造工程，需要成千上万人经年累月地全职投入。这种辛苦劳作的目的不是保障法老在身后世界安然地走向永恒的极乐，而是确保我们文明自身的长存。

只要有这个意愿，这种耗时费力的事业也并不是不可思议。我父母那一代人曾经努力工作，将第一名人类送上月球：在高潮阶段，阿波罗计划雇用了多达40万人，消耗了美国联邦预算的4%。事实上，你或许可以认为，通过非凡的共同努力，维基百科背后那些坚定的志愿者已经创造出了当前人类知识的一个完美纲要。据互联网社会学和经济学专家克莱·舍基（Clay Shirky）估计，维基百科目前蕴含了大约1亿工时的撰写和编辑工作量。但是即便你把维基百科全部打印出来，将它的超链接用交叉引用的页码代替，它距离一本能让一个社区从零开始重建文明的手册还是相去甚远。它从来不曾具备达成这个目的的意图，也没有指导从基础科技向高级应用演进所需的实用细节或者组织工作。况且，这样一份实体拷贝将大得不可思议，而你又如何确保后末日时代的幸存者们能够获得这样一份拷贝呢？事实上，你可以通过更优雅的方法，来帮助社会的

9

重建。

在物理学家理查德·费曼（Richard Feynman）说过的一句话里，我们可以找到解决方案。在思考人类知识全部消亡的可能性和人们可以采取什么对策时，他假设自己只能把一句话安全地转达给灾难之后出现的随便什么智能生物。什么句子能够用最少的词表达最多的信息呢？"我相信，"费曼说，"它就是原子假说：所有物体都由原子构成——这些微小的粒子永远不停地运动着，稍微远离一点便互相吸引，被挤压时便互相排斥。"

你越是思索这一简单论断带来的推论和可验证假说，它就越是能对世界的性质做出更多的揭示。粒子之间的吸引解释了水的表面张力，非常接近的原子之间的相互排斥解释了我为什么不会直接陷入我身下的这把咖啡椅。原子的多样性以及它们结合而成的化合物是化学的关键原理。这一句精心写就的话蕴含了巨大的信息量，随着你的研究探索，这些信息将得到揭示及扩充。

但是如果你的字数并未受到如此严格的限制呢？如果有着畅所欲言的自由，又仍然坚持着为加速知识的再发现而提供简明扼要的关键知识，而非试图编撰一部涵盖当代全部知识的百科全书的指导原则，那么仅仅写出一本幸存者用来重启技术社会的快速起步指南是不是可行呢？

我认为费曼的那一句话能够从根本上以非常重要的方式得到改进。仅仅拥有纯粹的知识而没有利用它的方法是不够的。要想帮助一个毫无经验的社会从它的起步阶段崛起，你还必须指出如何应用那些知识，展示其实际应用。对刚从最近的灾难中幸存的人来说，直接的实际应用至关重要。比如说，理解冶金学基本原理是一回事，但是利用其原理从死寂的城市中回收并再加工金属则是另一回事。开发利用知识和科学原理是技术的本质，而且正如我们在本书中将要看到的，科学研究和技术发展的实践是相互交织、密不可分的。

在费曼的启发下，我认为帮助文明陷落幸存者们的最好方法，不是创造一部囊括所有知识的全面记录，而是针对其可能身处的环境提供一份基础性指南，以及他们自己重新发现关键知识所需的技术蓝图，也就是被称为科学方法的强大知识产生机制。保存文明的关键是提供一粒内容精缩而又能很容易地成长为一整棵枝繁叶茂的知识之树的种子，而不是试图把巨树本身记录下来。用托马斯·艾略特（T. S. Eliot）的话来讲就是：哪些片段最适合支撑我们的断壁残垣呢？

这样一本书蕴含着巨大的潜在价值。想象一下，假如那些古典文明都留下了它们知识积累的种子，我们自己的历史又有可能发生什么样的事情呢？15世纪、16世纪时，促成文艺复兴的一个主要因素就是古代文化向西欧的缓慢回流。由于罗马帝国的沦陷而失去的许多知识，是由阿拉伯学者认真翻译和复制了文本才得以保存下来并传播出去的，其他手稿又被欧洲学者重新发现。但是假如这些哲学、几何学和应用机械方面的著作都在时间胶囊组成的分布式网络里得到了保存，事情又当如何？同样的道理，如果有合适的书籍在手，后末日时代的人们是否就可以避免进入另一个黑暗时代？[1]

加速发展

在文明重启的过程中，没有理由沿着和以前一模一样的道路发展高级的科学和技术。我们曾经走过的历史道路漫长而曲折，我们大体上是跌跌撞撞地瞎摸乱闯，长期地舍本逐末，忽视关键发展。可是现在我们知道自己拥有哪些知识，凭这种后知后觉，我们能否指出通往关键进步的直接路径，像个有经验的航海家那样抄近路呢？我们如何在密切地交织成网的科学原理和有用技术中，标画出一条最优路线来尽可能地加速进步呢？

关键性的突破往往是偶然做出的——在我们的历史上，它们是被人无意间撞上的。1928 年亚历山大·弗莱明（Alexander Fleming）对青霉抗菌性质的发现就是个偶然事件。实际上，第一次暗示电与磁有着深刻联系的观察结果——电流旁边罗盘指针的偏转——是偶然所得，X 射线的发现也如是。很多这样的关键发现完全可能发生得

---

1 如果你忽略掉我们的社会崩溃后留下的物质材料，这个帮助幸存者复兴的思想实验还可以提供一本从零开始发展技术文明的手册，其适用场景包括无意中通过时间扭曲落入了一万年前的旧石器时代，或者乘宇宙飞船坠落在一颗无人居住但条件温和的类地行星上。这是终极的《鲁滨孙漂流记》（*Robinson Crusoe*）或《海角乐园》（*Swiss Family Robinson*）幻想——不是沦落到无人小岛上，而是在一个空荡荡的世界里从头再来。

序言

更早一些，其中有一些本应该早很多。新的自然现象一经发现，人们就会采取有计划、有条理的研究工作去理解其原理并量化其效果，从而推动进步，但是我们可以把当初的发现作为目标，向恢复中的文明提供一些选择暗示，告诉它们该向何处去寻找以及优先进行哪些研究。

与此类似，很多发明事后看来平淡无奇，但是有时候关键进步或者发明，并没有在任何特定的科学发现或者使之成为可能的技术之后立即出现。这些例子对重启中的文明的前途来说，是令人鼓舞的，因为这意味着，快速启动指南只需要简明地描述一些核心的设计特征，幸存者就能够准确地弄清楚如何把一些关键技术重新创造出来。比如独轮车原本可以早出现好几百年——只需要有人想出来就行。这个例子结合了轮子和杠杆的操作原理，也许看起来无关紧要，但是它构成了一种极其节省劳力的装置，并且它在欧洲的出现比轮子晚了 1 000 年（关于独轮车的描述最早出现于约公元 1250 年写就的一份英文手稿中）。

其他一些创新影响深远，你应该力求直接实现它们，以便对其他后末日社会复原所需的基本要素构成支持。活字印刷便是这样一种关键性技术，使我们的历史加快了发展速度，并且实现了不可比拟的社会效益。只需些微指导，大规模印刷的书籍就会在新文明的重建过程中早日重现，我们将在后文中探讨这一点。

在发展新技术的过程中，一些步骤可以直接跳过。快速启动指南可以展示如何跨越历史中间阶段，直接跳到更加先进但仍然能够实现的体系，来帮助复原中的社会。在当今非洲和亚洲的一些发展中国家，存在着一些鼓舞人心的跨越式发展例证。比如说，很多没有接入电网的偏远社区正在建设太阳能基础设施，直接省却了西方国家对化石燃料长达几个世纪的依赖。在非洲的一些农村地区，生活在泥屋里的农民直接跨越到移动通信时代，略过了旗语塔、电报和有线电话等过渡技术。

或许历史上最令人印象深刻的跨越式发展壮举是由 19 世纪的日本人完成的。在德川幕府时代，日本自绝于世界长达两个世纪，并且禁止本国公民离开及外国人进入，只与选定的寥寥数个国家保持着最小规模的贸易。1853 年，美国海军抵达江户（东京）湾，以一种最无可辩驳的方式重建了日本与外界的联系。当时美国强大的武装蒸汽战舰远比技术停滞的日本文明所拥有的任何东西都先进。由这种技术差距的认识带来的震惊引发了明治维新。日本原本孤立、技术倒退的封建社会，被一系列政治、经济和法律改革所改变。科学、工程和教育领域的外国专家，指导这个国家建起了电报、铁路网、纺织厂和制造厂。日本在短短几十年内实现了工业化，到第二次世界大战时便已经能够挑战当初迫使日本走向这一进程的美国海军。

把恰当的知识保存起来，能使一个后末日社会完成与此类似的快速发展轨迹吗？

不幸的是，以跨越中间阶段的方式推动文明前行是有限制的。就算后末日时代的科学家完全理解某项应用的基本原理并做出原则上能够运行的设计，他们也仍然不可能建造出可使用的原型机。我将这称为"达·芬奇效应"。这位文艺复兴时代的伟大发明家画出了数不尽的机械和装置设计图，其中包括奇异的飞行机器，但只有极少数成了现实。主要的问题就在于达·芬奇太过超前。仅仅正确地理解科学以及做出独特的设计并不够，你还需要具备所需属性并且先进程度与之匹配的建造材料，以及可用的能源。

所以快速启动指南的秘诀是，参照当今一些援助机构向发展中国家社区提供适用的中间技术的方式，为后末日时代的世界提供合适的技术。这些解决方案能够极大地改善现状——以现有的原始技术为基础促成进步——而又能够由当地劳工利用实践技能、工具和可获取的材料进行修复和维护。加速文明重启的目标是直接跳跃到某个发展水平，省略数个世纪的中间阶段，而这个水平仍然可以凭借原始材料和技术来达到——中间技术的最佳着力点。

很多发现、发明都是偶然所得，并未以任何促进了很多领域发展的先决性知识、关键性技术以及跨越中间阶段的机会为前提。正是我们自身历史的这些特点，让我们有理由乐观地相信，一本设计合理的文明快速启动手册可以指出，哪些探索最富有成效，以及关键技术的背后又有哪些决定性原理：在科学与技术的网络中引领一条最佳路线，极大地加速重建的进程。把科学想象成让你在黑暗中无须四处乱摸的工具：祖先已经为你留下了手电筒和一张粗略的地形图。

如果一个重启中的文明并未严格遵循我们自己独特的进步路线，它将会经历一个截然不同的发展次序。事实上，沿着我们当前文明的轨迹重建或许是非常困难的。工业革命主要以化石能源为动力。

这些容易获取的化石能源——煤炭、石油和天然气——如今大部分都已经被开采殆尽了。如果没有这种唾手可得的能源，我们之后的文明如何能够掀起第二场工业革命？我们将会看到，解决之道在于及早采用可再生能源和对资源进行认真周到的回收利用——在下一次文明中，可持续发展说不定会出于纯粹的必要性而成为不二之选：一次绿色的复兴。

在这个过程中，我们不曾见过的技术组合将会随着时间的推移而出现。我们将会看到这样的一些例子：恢复中的社会走上与我们不同的发展轨迹——前人不曾踏足的路线——并且应用被我们遗落在路边的技术解决方案。对我们来说，文明2.0看上去大概就像不同时期技术的大杂烩，和名为"蒸汽朋克"文学流派别无二致。蒸汽朋克文学的背景设定是采用了不同发展模式的平行历史，往往以维多利亚时代的技术与其他应用的融合为特征。后末日文明的重启过程中，不同科技领域的发展速率将与我们迥异，很可能会产生这样一种有如时代错位的混杂世界。

内容

重启手册在两个层面上最为有用。首先，你需要得到一定数量的实用知识，以便尽快恢复基本水平的生产能力和舒适的生活方式，并且遏制住进一步的倒退；其次，你还需要促进科学研究的恢复，

序言

并给出最有价值的核心知识，来开始着手研究。[1]

我们将从基础开始，看一下你如何能为自己提供舒适生活所需的基本要素：充足的食物和洁净的水、衣服和建筑材料、能源和必需的药物。幸存者最为紧迫的关注会有这样几项：可种植的庄稼必须在死去和遗失之前从农场和谷仓中收集回来；柴油可以通过生物燃料作物得到补充，使发动机一直运转到机械失效，零件也要进行回收，以便重新建立本地电网。我们将探讨如何最有效地从死去的文明残骸中拆卸零件回收材料：后末日时代的世界将会用到再利用、焊补和应急装配方面的才能。

必需品就位之后，我将解释如何安排农业生产、妥善保护粮食储备以及如何用植物及动物纤维制作衣物。纸、陶瓷、砖、玻璃和锻铁在今天都是寻常之物，以至于被认为乏善可陈，然而需要它们的时候你又该如何制造呢？树木能够生产出大量非常有用的材料：从建造用的木材到净化饮用水的木炭——同时还是一种燃烧猛烈的固体燃料。一大批极为重要的化合物都能从木头里烘烤出来，甚至其灰烬中也含有一种制造肥皂和玻璃等必需品所需的成分（名为草

1　一个社会最显而易见的特征或许是其巨大的纪念碑，或许是艺术品、音乐，或许其他文化产品，但是支撑文明的根基却是诸如农业生产、污水处理和化学合成这样的基础活动。本书将关注决定性的科学和技术，因为它们是通用的：特定的物理定律无论何时何地都有效，哪怕几千年之后的社会也仍然有那些可以通过技术来满足的基本需求——食物、衣服、电力、交通，等等。艺术、文学和音乐是我们文化遗产中的重要组成部分，但是没有它们，文明的复原也并不至于被拖后五百年，而且后末日时代的幸存者们会发展出与他们自己息息相关的情感表达。

碱），以及生产火药的原料之一。拥有了基本的专业知识，你便可以从周围的自然环境中提取出大量其他不可或缺的材料——纯碱、石灰、氨、酸和酒精——并开启后末日时代的化学工业。生产力恢复之后，快速启动指南将帮助你开发适于采矿和拆毁古代建筑遗骸的爆炸物，生产人工肥料和用于摄影的光敏性银类化合物。

在之后的章节中，我们将探讨如何重新学习医学、利用机械动力、掌握发电和存储电能的技术，以及组装简单的无线电装置。而由于内容中包括了如何制造纸、墨水和印刷机的信息，这本书本身便携带着其自我复制所需的遗传指令。

一本书能使我们获得多少对世界的理解呢？我显然不能用这单薄的一本书就记录下人类掌握的全部科学和技术。但是我认为它在基础科学方面打好了足够的基础，能够在早期对幸存者有所助益，还能为在科学和技术的网络中沿最优路线实现大为增速的复原提供宽泛的指导。另外，遵照着仅仅提供简要的核心知识并期待其随着未来研究的深入开枝散叶的原则，一本书便能够容下一笔庞大的信息宝藏。当你放下这本手册时，你将了解到如何为了实现文明的生活方式而重建基础设施。此外，我还希望你能对科学本身一些美妙的基础知识拥有更加深刻的领悟。科学不是事实和计算的组合，它是一种方法，你必须运用这种方法才能够确信无疑地搞清楚世界运作的方式。

快速启动指南的目的是确保好奇、追问和探索的火焰能够继续熊熊燃烧。我希望即便在灾变的淫威之下，文明的血脉仍然不会断绝，幸存的社区不会退行太远或者停滞不前，我们这个社会的核心将得到保存，知识的关键要点在后末日世界里得到滋养，并再次蓬勃发展。

这是重启文明的蓝图，同时也是我们自己的基础知识入门书。

世界的终结

"若是发生了某种灾变，严重到足以令科学的进展停滞，让工匠的劳作中断，使我们这个半球的一部分重新陷于黑暗，那么紧随其后的时刻便是这样一部作品最为荣耀的时刻。"

——狄德罗，《百科全书》（1751—1772）

任何一部灾难电影中似乎都必不可少的一幕场景是，在一个全景镜头中，宽阔的公路上密密麻麻地堵满了试图逃离城市的车辆。随着绝望情绪的不断增长，极端的公路暴怒事件每每爆发，直到驾驶者和其他已经把路肩和车道弄得乱七八糟的人一起放弃车辆，加入了用双脚继续前进的巨大人群。即便没有直接的危险，任何破坏了分配网络或者电网的事件都会令城市无法满足自己对资源的贪婪需求，迫使其居民在饥饿中逃离：大量的都市难民涌入周围的农村搜寻食物。

撕毁社会契约

我并不想陷入争辩人类是不是本性邪恶，以及是否一定要有一个管理当局借助刑罚的恐吓推行法律并维持秩序的哲学泥沼，但有一点是明白无误的，随着中央集权和民事警察力量的消失，那些意图不良的人会抓住机会征服并剥削那些较为平和及脆弱的人。一旦形势看上去足够可怕，哪怕是原先的守法公民也会为了供养和保护家人而不惜采用任何手段。为了保障自己的生存，你也许将不得不到处搜寻和翻拣你所需要的东西：这是劫掠行为的委婉说法。

让社会凝聚成团的部分因素是，社会成员预计，通过欺骗或者暴力获得的短期利益远远不能弥补这种行为带来的长期后果。你会被抓住，并作为一名不值得信任的同伴遭到社会的指责或者接受国家的惩罚：欺骗行为不会成功。在社会成员之间，这种相互合作并且为了共同利益行事而牺牲一定的个人自由以换取国家提供的共同保护等好处的默契，被称为"社会契约"。它是一个文明的所有共同努力、生产和经济活动的基础，但是一旦成员察觉到通过欺骗可以得到更大的个人利益，或者怀疑自己将会被别人欺骗，结构就会开始变形，社会凝聚力就会开始松动。

在严重的危机面前，社会契约可能会中断，继而造成法律和秩序的整体崩溃。要想看到社会契约的局部断裂造成的后果，我们无须把目光投向他处，这颗星球上技术最先进的国家就曾有过实例。

世界的终结

新奥尔良市被狂暴的卡特里娜飓风彻底损毁，但是正常社会秩序的迅速恶化和混乱的爆发，是在城市居民绝望地意识到本地当局已经消失，而且救援并不会很快到来之后。

所以在灾难性事件过后，随着当局和执法力量的消失，我们或许应该预料到会出现有组织的帮派来填补权力真空，宣示自己的个人领地。那些夺取了对剩余资源（食物、燃料等）控制权的人将仅仅管理那些在新的世界秩序里仍然有内在价值的物品。现金和信用卡都将失去意义。将粮食储备占据为"私人财产"的人将变得非常富有和强大——他们成了新国王——通过控制食物分配来收买忠诚和服务，就像古代美索不达米亚皇帝的所作所为。在这样的环境中，具备专业技能的人，如医生和护士，最好不要向人透露自己的特长，因为他们或许会被迫服务于帮派，成为专业度极高的奴隶。

致命的暴力可能很快就会被用来阻止劫掠者或竞争帮派的袭击，随着资源的日益稀少，竞争只会更加激烈。常被那些积极为末日做准备的人（英文叫 prepper）挂在嘴边的一句话就是："枪在手边无时用，胜过枪到用时方恨无。"

在最初的几个星期或者几个月里，一种可能会重复的模式是，小团体的人们为了相互支持和保护自己的消耗品储备聚到防御性的场所，意图以人数获得安全感。这些小小的自治领将需要巡视和保卫他们的疆界，就像今天的国家一样。令人感到讽刺的是，在混乱当中，一个群体自我封锁并盘踞的最安全地点正是整个国家星罗棋布的堡垒之一，只不过目标刚好内外颠倒了一下。有着高大围墙、坚固大门、铁丝网和瞭望塔的监狱是一些大体上能够自给自足的场所，其本来的目的是防止居住者逃离，但是自卫的避难者要想阻止他人进入，监狱也同样有效。

犯罪和暴力的广泛爆发或许是任何灾难性事件不可避免的后果之一。然而我并不打算进一步探讨这种以《蝇王》（*Lord of the Flies*）的世界为结果的可怕堕落。本书的主题是一旦人们能够重新安定下来，如何迅速恢复技术文明。

世界终结的最佳方式

在探讨"最佳"之前，咱们先来说一下最糟的情况。从重建文明的角度来说，全面的核战争将是最糟糕的末日事件。就算你没有在目标城市里被汽化掉，构成现代世界的大部分材料也已经被毁掉了，灰尘遮蔽的天空和被放射尘污染的大地会阻碍农业的恢复。太阳的大规模日冕物质抛射也会同样糟糕，尽管这种事件并不会直接造成伤亡。一次格外剧烈的太阳"饱嗝"会猛烈轰击地球周围的磁场，让它如响铃一般嗡鸣起来，还会在全世界的供电线路中产生巨大的电流，烧毁变压器并击垮电网。全球大停电会中断水的泵送、天然气的供应、燃油的精炼以及新变压器的生产。一旦出现这种现代文明核心基础设施遭到毁坏而没有发生直接人员死亡的情况，社

世界的终结

会秩序的崩溃将很快随之上演，居无定所的人群会迅速地消耗剩余供给，继而造成大规模人口下降。最终，幸存者还是会面对一个没有人的世界，但是在这个世界里，能够为他们提供复原所需宽限期的所有资源都已经被消耗干净了。

很多后末日电影和小说喜欢表现的戏剧化场景或许是工业文明和社会秩序崩溃，幸存者被迫为了日益萎缩的资源展开越来越疯狂的斗争，然而我想要关注的场景恰恰与此相反：人口发生了突然而极端的下降，我们这个技术文明的物质基础却毫发无伤。大部分人类已经死去，然而所有的物资都还在。这一场景为如何从零开始加速文明重建的思维实验设立了一个最有趣的出发点。它为幸存者们提供了一段宽限期，令他们在重新学习一个自给自足的社会所具备的全部基本功能之前能够先站稳脚跟，防止退化的步伐走得太远。

从这个意义来说，世界终结的最佳方式将是毁于快速传播的流行病。完美的病毒风暴是剧烈的毒性、较长的潜伏期和接近100%致死率的结合。这样的话，这种可怕的病毒在人与人之间有着极强的感染性，需要一段时间才能发病（以便将遭到感染的后续宿主群体最大化），最后却又必定造成死亡。我们已经变为一个真正的城市物种——自2008年以来，全球超过一半的人口生活在城市而非农村地区——这种状况聚集了很高的人口密度，加上热火朝天的洲际旅行，为传染病的迅速传播提供了绝佳条件。假如现在暴发一次有如在1346年抹掉1/3的欧洲人口（以及或许同样比例的亚洲人口）的黑死病，我们这个技术文明的弹性将远远不及当年。[1]

那么，要想有足够的不仅能恢复全世界人口，还能加速文明重建的机会，一次全球性灾难的幸存者数量要达到多少才够呢？换一种问法就是，快速重建所需的临界人口规模是多大？

幸存人口范围有两个极端，我分别称它们为《疯狂的麦克斯》场景和《我是传奇》（I Am Legend）场景。如果现代社会中维持生活所需的技术系统崩溃，但人口并没有立即下降（比如日冕物质抛射所造成的状况），大部分人口的生存将只是为了在激烈的竞争中迅速消耗任何残存的资源。这会浪费掉宽限期，社会将迅速退化到《疯狂的麦克斯》式的蛮荒状态，而且随后会出现人口锐减，短期内回弹的希望渺茫。而假如你是世界上唯一的幸存者，或者至少是因分布稀疏而相互之间没有交集的少数幸存者之一，那么重建文明甚至恢复人口的想法都是天方夜谭。人类孤悬一线，而且终将在这最后一人辞世之际灭亡——这正是理查德·马瑟森（Richard Matheson）的小说《我是传奇》中描绘的情形。两名幸存者——一男一女——从数学上讲是物种延续所需的最低值，但是人口增长若是仅以两人为起点，基因的多样性和长远生存能力都会受到严重的削弱。

那么恢复人口需要的理论最低人数是多少？对当今生活在新西

---

1 然而，黑死病的某些长期后果是有益于社会的：大灭绝的乌云还镶着一丝文化的银边。随着接踵而至的劳动力短缺，挺过了人口大规模下降的农奴可以摆脱他们与农场主的联系，从而有助于打破压制人性的封建制度，开创一个更加平等的社会结构和以市场为导向的经济。

世界的终结

兰的毛利人线粒体 DNA（脱氧核糖核酸）序列的分析，曾被用于估算当年从东波利尼西亚群岛乘木筏落脚此地的先驱者数量。基因多样性表明，这一先祖人群的有效规模不会多于大约 70 名育龄妇女，因此总人口大概是这个数字的 2 倍多一点。类似的基因分析也推断出操印第安语的美洲土著最初的人口规模与此相仿。他们的祖先是在 15 000 年前，趁海平面较低的时候从东亚经过白令路桥来到了美洲。因此，在灾难之后，一个由居住在一处的几百名男女组成的群体便应该能够为恢复世界人口保障足够的基因变异性。

问题在于，即便有着每年 2% 的增长率——这已经是在机械化农业和现代医学保障下，世界人口增长率的最高纪录——这一先祖人群也要花上 8 个世纪才能将人口恢复到工业革命时代的水平（我们在章节附注中探讨了为什么先进的科技发展或许需要一定的人口规模和社会结构）。而这样一个萎缩的初始人口大概远不足以实质性保存可靠的耕作技术，更别提更加先进的生产方式了，因此幸存者群体会一直退化到猎人——采集者的生活方式，被生存的斗争占据了心神。人类存在至今，99% 的时间都是在这种生活方式中度过的。它无法支持密集的人口，使人类落入了一个很难通过进步再次逃脱的陷阱。你如何能够避免退化到那种程度？

幸存的人口将需要足够的劳力在田间劳作，以保证农业的产出，但是还要留下足够的人手发展其他工艺并恢复技术。为了有一个尽可能高的复兴起点，你还应该希望幸存者多到足以令大量的技能组合有人掌握、足够的集体知识得到保存，以防止退步得太多。因此，任何单一地区内约一万人的初始幸存者人口规模（对英国而言，这代表了仅仅 0.016% 的生还比例）将是这一思维实验的理想出发点，这些人能够会聚成一个新的社区，而且相安无事地协同工作。

现在，让我们来关注一下幸存者们将发现自己身处的某种类型的世界，以及在重建的过程中，这个世界将在他们周围发生怎样的变化吧。

大自然卷土重来

没有了人类的日常维护，大自然会立刻抓住时机，重新占据我们的城市空间。垃圾和碎屑会在大街小巷堆积，堵塞下水道，形成水塘，堆积的碎屑会腐败成一层肥料。先到的种子会首先在这样的低洼处生根发芽。即便没有汽车轮胎的重压，柏油碎石路面上的裂隙也会持续不停地扩大成断口。在每一次霜冻期，这些下陷处的水坑都会结冰膨胀，从内部破坏坚硬的人工地面，一如严酷的冰封——解冻循环逐步销蚀掉整个山脉。这种风化作用创造出越来越多的生存空间，先是投机取巧的纤细杂草，继而是灌木丛，利用这些空间定植下来，进一步破坏路面。其他一些植物更具攻势，它们无孔不入的根系径直穿过砖块和砂浆，寻找抓持之处，并且搜刮着些许湿气。藤蔓会蜿蜒爬上交通灯和交通标志牌，把它们当作金属树干，繁茂的攀缘植物会爬上建筑物峭壁般的表面，覆盖从底部到房顶的所有地方。

经过数年，这些植物先驱者的落叶和其他残体的堆积腐败成有机的腐殖质，混杂着被风吹落的尘土和破败的混凝土、砖块碎屑，形成一种真正的城市土壤。从办公室坏掉的窗户里随风涌出的纸张和其他杂物堆积在楼下的街道上，增加了这一层肥料的内容。越来越厚的土层将铺满道路、小巷、停车场和城镇的开放空间，使多种体形更大的树木能够扎根。在柏油碎石铺就的街道和砖石广场之外，城市的草坪公园和周围的农村会很快变回林地。只需要一二十年，较老的灌木和桦树就会站稳脚跟，并在灾难之后的第一个世纪结束之时，演变成云杉、落叶松和栗树构成的茂密树林。

当大自然忙于卷土重来之时，我们的建筑将在不断生长的森林里瓦解、腐朽。随着植被的恢复，街道渐渐布满了木头、落叶和破窗中掉落的垃圾，街道上将堆积着完美的易燃物，狂暴的城市森林火灾的风险增大。一旦堆积在建筑物侧面的易燃物被夏天的雷暴抑或是破碎玻璃聚焦的阳光点燃，恐怖的野火便会顺着街道蔓延并在建筑物里肆虐。

现代都市并不会像1666年的伦敦或者1871年的芝加哥那样，火焰迅猛地从一座木质建筑蹿到另一座，甚至狭窄的街道也无法阻隔，直到城市被烧得片甲不留，不过没有消防员控制的火焰还是有着巨大的破坏力。地下管道和建筑物里面流动的煤气将会爆炸，街道上废弃汽车油箱里的燃料也会增加这炼狱的恐怖程度。有人居住过的区域里星星点点地分布着遇火便炸的炸弹：加油站、化学仓库以及干洗店里一桶桶极其易挥发、易燃的溶剂。也许对后末日时代的幸存者来说，最鲜活生动的景象之一就是古老城市的燃烧，一柱柱呛人的浓重黑烟从地平线升起，把黑夜染成血红色。火焰过后，只有砖块、混凝土和钢铁构成的现代建筑会留下来——易燃的内部物品被毁掉之后，只剩一座座炭化的骨架。

火会对废弃城市的广大区域造成破坏，但是最终毁掉我们所有精心建造的建筑物的是水。灾难后的第一个冬天就会有大量的水管被冻裂，等到下一个消融季节到来时，水会流淌到建筑物内。雨水会被吹进掉落或者破损的窗户，从房顶上瓦片缺失的地方滴落，从被堵塞的沟渠里溢出。窗框和门框掉漆的地方会吸收潮气，令木头腐烂，金属锈蚀，直到整个框架从墙壁中脱出。木质结构——地板、托梁和顶架也会吸收潮气并腐烂，各个零件组合在一起的螺栓、螺丝钉和钉子全都生锈。

混凝土、砖块和抹在它们当中的砂浆都易受到温度起伏的影响。它们会被堵塞的沟渠中淌出来的水浸透，然后被高纬度地区无情的冰冻—消融循环碾碎。在气候较为温暖的地区，白蚁和木蛀虫等昆虫会与真菌一并吃掉建筑物的木质构件。过不了多久，木梁就会腐朽并断裂，造成地板塌陷、天花板掉落，最终墙壁本身也会向外凸起，然后倒塌。我们的大部分住房或者公寓楼最多只能撑100年。

由于油漆脱落后对水分的吸收，我们的金属桥梁将会生锈并且变得脆弱。不过对很多桥梁来说，当被用来让建材在炎炎夏日中膨

世界的终结

胀的伸缩缝和呼吸孔，被风吹来的杂物堵塞时，才是其丧钟敲响之刻。一旦受阻，桥体会扭曲，将锈蚀的螺栓切断，直到整个结构崩溃。在一两个世纪之内，很多桥梁都会坍塌到水下，碎石残片掉落在仍旧矗立的支柱脚下，会形成河流的一道道堤坝。

很多现代建筑采用的钢筋混凝土是一种了不起的建筑材料，然而虽然它比木材更坚硬，却一点都不耐腐蚀。讽刺的是，它恶化的终极原因正是其优异的机械强度。钢筋被混凝土包住，接触不到外界的风吹日晒，但是当弱酸性的雨水渗透进去，腐败的植物释放的腐殖酸深入混凝土地基，钢筋就会开始在内部生锈。钢生锈之后体积会膨胀的事实将对这种现代建筑技术做出最后的打击。混凝土被生锈的钢筋撑裂，形成了更多暴露在湿气中的表面，进一步加速这最后的消亡过程。这些钢筋是现代建筑的软肋，而无筋混凝土将被证实更加持久耐用：罗马万神殿的穹顶历经 2 000 年风吹雨打仍旧坚固。

不过高楼大厦面临的最大威胁是，无人照管的排水系统、堵塞的下水道或者周期性洪水造成的地基水涝，尤其是在建在河边的那些城市里。它们的支撑会被侵蚀、分解或者沉入地下，使一幢幢摩天大楼倾斜得远比比萨斜塔更加吓人，直到它们最终倒下。纷纷落下的残骸会进一步损害周围的建筑，或者大厦会像巨大的多米诺骨牌一样接二连三地被撞倒，直到只剩下一些废墟尖尖地挺立在树林构成的天际线上方。几个世纪之后，我们建造的宏伟建筑依然矗立的便不剩几座了。

一两代人的时间内，城市的地貌就会变得无法辨认。见缝插针的幼苗变成了树苗，又变成了参天大树。摩天大厦之间的人造峡谷被森林填满，逼仄的林间小径替代了城市的通衢大道。大厦本身也已经破败不堪，洞开的窗户吐露着植物的枝枝蔓蔓，活似一些垂直的生态系统。大自然已经恢复了城市丛林。随着时间的推移，坍塌的建筑留下的一堆堆碎砖破瓦本身也被越来越多腐败的植物遗骸软化，形成土壤，变成树木丛生的土堆，最终高高挺立的摩天大楼留下的残骸也被苍翠的植被掩埋或隐藏。

在远离城市的地方，成队的鬼船在大海上漂荡，偶尔被多变的风和洋流搁浅在海岸上，船体破开，向洋流泄漏出有毒的燃油或者集装箱里的货物，就像蒲公英的种子飘进了风中。不过最壮观的沉船，假如有人能在正确的时间站在正确的地方观看的话，或许是人类最具野心的建造物之一的回归。

国际空间站是一个 100 米宽的巨大建筑，历经 14 年在地球低轨道建造完成：它是一座由压力舱、纤长的支架和蜻蜓翅膀似的太阳能电池板组成的壮观组合体。它虽然遨游在我们头顶 400 千米处，但并未脱离大气层稀薄的上沿，因而它枝杈蔓延的结构会受到微不可察却不容忽视的阻力。这消耗着空间站的轨道能量，使它沿着螺旋轨迹持续坠向地面，需要不停利用火箭推进器回到原来的高度。如果宇航员死亡，或者缺少燃料，空间站将以每月 2 千米的速率稳定下坠。用不了太长时间，它就会轰轰烈烈地划过大气层，像人造流星似的化作光带和火球，走向死亡。

后末日时代的气候

我们的城镇逐步衰败，并不是幸存者们将要见证的唯一转变过程。

自工业革命以及煤炭、天然气和石油相继得到开采以来，人类一直在狂放地从地下挖出过去岁月里积累的化石能源。这些化石燃料由古代森林和海洋有机体的腐败残骸演变而来，是大量的碳构成的易燃物质：其化学能源是自亿万年前照射到地球并被捕获的阳光。这些碳原本来自大气层，但是问题在于我们燃烧得太快，短短100来年的时间，几亿年之间被固化的碳便通过我们的烟囱和汽车排气管被重新释放回了大气层。这个速率远远超过了行星碳循环系统重新吸收自由二氧化碳的能力，因此今天空气中二氧化碳的浓度比18世纪初高出约40%。二氧化碳水平升高的后果之一是，来自太阳的热量由于温室效应被留在地球的大气层中，引起全球变暖，又继而造成海平面上涨，并扰乱全球气候模式，在一些地区催生更加频繁和严重的季风性洪水，而在另一些地区引发干旱，对农业造成严重影响。

随着技术文明的崩溃，来自工业、集约型农业和交通的排放会在一夜之间停止，而小型幸存者群体造成的污染随即会降低到几乎为零的低水平。但是哪怕排放明天就停止，在接下来的几个世纪里，这个世界还是会对我们这个文明已经喷发出的巨量二氧化碳做出反应。我们当前正处于迟滞期，这颗星球仍在回应我们对它的平衡状态施加的猛烈冲击。

　　紧随灾难之后的几个世纪内，由于地球物理系统内已经积攒下来的惯性，后末日世界有可能经历海平面高达数米的抬升。如果变暖还会造成更进一步的后果，如富含甲烷的冻土层消融或者冰川的大规模融化，影响还会更加糟糕。尽管二氧化碳水平在灾难之后会下降，但还是会稳定在一个实际上已经被抬高的数值上，几万年之内都不会回到工业革命之前的状态。因此，在我们乃至之后的文明的时间尺度上，地球这次被迫升温实际上是永久性的，我们目前这种没心没肺的生活方式将给继我们之后这个世界的栖居者留下一笔漫长而黑暗的遗产。对已经在为了生存而奋斗的幸存者来说，后果就是气候和天气在几代人的时间里继续变化，一度肥沃的农田毁于干旱，低海拔地区水患严重，热带病更加流行。在我们的历史上，区域性气候的改变曾经造成文明的突然崩溃，而不断发展的全球性气候变化很可能会挫败脆弱的后末日社会的复兴。

宽限期

"所以说若没有另外一番经历，我们便认识不到自己的真实境遇，如果没有体验过短缺，我们也不会珍视自己所享有之物。"

——丹尼尔·笛福，《鲁滨孙漂流记》(1719)

飞机坠毁在偏远地区之后，为了生存下去，你首先要考虑的事项是避难所、水和食物。你周围的文明崩塌之后，当务之急也是同样的需求。几个星期不进食，或者几天不喝水，也是有可能存活的，然而如果在户外遭遇恶劣天气，你有可能在几小时之内就会丧命。正如英国特种空勤团的生存专家约翰·怀斯曼 (John Wiseman) 曾对我说过的："如果在出了事情之后你还能站得住脚，那你就是个幸存者。但是你能幸存多久取决于你的知识和你怎么做。"为了进行我们的探讨，我们将假定，就像超过 99% 的人——包括我自己——一样，你并不是一个未雨绸缪者，并没有为了应对世界末日而囤积食物和水、加固你的房屋或者做任何其他预先的安排。

那么在不得不重新开展生产之前的这段关键缓冲期里，你需要收集哪些剩余物资来确保你的生存呢？在技术大潮退却后的海滩上拾荒时，你应该寻找些什么呢？

避难所

在我们曾经设想过的情形中（人员死亡，但是我们周遭的事物没有受到大规模破坏），你不大可能会缺少避难所：在灾难之后较短的时间内，废弃的建筑物不会短缺。不过，你很有必要立刻到户外用品商店开展一场大扫荡，为自己添置点新行头。世界末日的着装原则是实用主义：宽松耐磨的裤子、多层保暖的上装以及一件合身的防水夹克，会让你长时间待在户外或者在无供暖的建筑物里时保持舒适。坚固的远足靴或许看起来没那么好看，但是在后末日时代的世界里，你真的不会希望因为下盘不稳而伤到脚踝。在最初几年里，要想搜寻还没有被虫子和湿气损害的衣服，大型购物中心是理想的地点。从门口到内部最深处有很长的路要走，里面的货品不会受到自然环境的侵蚀。

除了衣物，保障你生存的将是火。在人类历史上，火曾经扮演过一个极为重要的角色，曾为人类抵挡寒冷、提供光明、烹制食物使其更易消化并杀灭其中的病原体，以及熔化金属。文明崩溃之后，你不会立即需要钻木取火之类的野外生存技能来生火。小卖部和家庭中会有足够的火柴，一次性燃气打火机也会满足你几年的需要。

如果你找不到火柴或者打火机，也会有利用搜集来的材料取火的非传统方法。如果天气晴好，可以用放大镜、眼镜[1]，甚至用巧克力块或者牙膏抛光过的酒瓶底部凹面把阳光聚成一个灼热的焦点。将连接到废弃汽车电池的跨接引线碰到一起就可以生出火花，用从厨房储物柜里找到的钢丝绒擦拭烟感器九伏电池终端时也会自发起火。废弃的人类居所中会有足够的优质易燃物，如棉花、羊毛、衣服或者纸，而且你还可以用凡士林、发胶、油漆稀释剂或者汽油之类的临时助燃剂将这些物质浸润。找到燃料也应该不会困难，哪怕是在城市环境中。人类居住的区域堆满了可燃材料，从家具、木质配件到花园灌木，都可以扔到火里用来取暖或者做饭。

问题不在于生火或者维持它，而在于在何处生火。绝大部分最近修建的房屋和公寓没有可用的壁炉。需要的话，你可以在金属桶里安全地维持燃烧或者把烧烤架放到室内，或者如果公寓有混凝土地面的话，可以去除一块地板，直接在混凝土地面上生火。你需要把窗户稍微打开，以便排出烟和气味（尤其当你不得不焚烧合成纤维织物或者家具泡沫时）。不过，最好的办法还是找到一幢年代较久的别墅或者农舍，这种房屋被设计为用火而非暖气取暖——这是尽快离开城市的主要动因之一，我们在后文还会有所探讨。

1　不过，只有那些纠正远视问题的眼镜才管用：大多数人戴的是近视眼镜，也就是凹透镜，而这种透镜只能发散而不是汇聚光线。《蝇王》的作者威廉·戈尔丁（William Golding）便在这一点上犯下了一个广为人知的错误：小说中的人物——近视眼的猪仔（Piggy）用他的近视镜生火。

水

　　找到可以遮风挡雨的避难所之后，你的待办事项列表中位于第二位的将是保障清洁的饮用水。在城市供水系统干涸之前，你应当把你的浴缸和水槽，以及所有干净的桶甚至坚韧的聚乙烯垃圾袋全都灌满水。这些应急水储备应当有所遮盖，防止杂物污染，而且要挡住光线，防止藻类滋生。瓶装水可以从超市或者写字楼里的饮水机那儿搜集而来。其他可资利用的水储备包括宾馆和体育馆游泳池，以及任何大型建筑的热水箱。早晚有一天，你会仰赖你平常视而不见的水资源。每一名幸存者每天需要至少3升清洁的水，气候炎热或者进行体力劳动时需要得更多。记住，这还仅仅是饮用水，不包括烹饪和洗涤所需要的水。

　　但凡不是来自密封容器的水都必须净化。除掉水中病原体的一种可靠方法是煮沸几分钟（尽管这种方法对付不了化学污染）。不过这非常耗时，而且会很快地消耗燃料。灾难事件之后一旦你安顿下来，便可以结合过滤和灭菌两种方法来净化量较大的水，这是一种更加实际、长久的解决方案。用塑料桶、铁皮桶甚至是清洗干净的垃圾桶之类的高容器，可以制成一个原始但完全有效的系统，用来滤掉污浊湖水或者河水中的颗粒。在底部打一些小孔，盖上一层木炭。木炭可以从工具店中获取，也可以按照第108~109页的说明自己制作。在木炭层上方交替铺细沙和碎石。把水倒入容器，从下方流出时，大部分颗粒物质都会被有效地过滤掉了。

宽限期

给过滤后的水消毒，除去水生病原体的第一选项，是使用专门的净水剂，如在户外用品商店能够找到的碘片或者碘晶体。如果找不到，某些意想不到的替代品也可以起到良好的效果，如用于家具清洁的氯基漂白剂。只需几滴浓度为 5%、以次氯酸钠为主要活性成分的漂白剂溶液，就足以在 1 个小时之内为 1 升水消毒。但是要仔细检查一下标签，确保该产品不含有香料或者染色剂等可能有毒的附加成分。厨房水槽下的一瓶漂白剂便可以净化大约 500 加仑[1] 水——这大约是一个人两年需要的量。

在体育馆或者批发商储藏室里能够找到的游泳池氯处理产品，也可以在稀释后用来为饮用水消毒。1 汤匙这种次氯酸钙粉末便足以为 200 加仑水消毒（但同样要注意确保它不含抗真菌或澄清添加剂）。以后一旦可稳定获取的氯化剂用光了，你将需要亲自用海水和白垩为原料，从无到有地制造一些。我们将在"通信"一章中介绍具体方法。

塑料瓶不仅可以存水，还可以用来消毒。太阳能饮用水消毒（SODIS）仅仅需要阳光和透明的瓶子。世界卫生组织推荐用此法在发展中国家进行分散式水处理——对后末日时代的世界来说，这是个完美的低技术解决方案。将透明塑料瓶的标签撕掉——不过不要使用容积超过两升的瓶子，因为阳光的关键波段无法穿透——灌满需要消毒的水，然后放在阳光的直射中。阳光中的紫外线对微生物

---

1 本书所用加仑为英制加仑，1 加仑约合 4.5 升，500 加仑约合 2 273 升。——译者注

极具破坏性，如果水被加热到 50℃ 以上，这种杀灭效果更是会极大地增强。将一块波纹铁板对着太阳斜置，把水瓶放在沟槽中，便能构成一个很好的净化系统。把铁板涂成黑色更有助于增强热消毒效果。

不过，玻璃和聚氯乙烯（PVC）等塑料会阻挡紫外线。检查塑料瓶的底部：现在生产的大多数塑料瓶都带着可循环标志，你需要寻找的是带标志的瓶子，这个标志表明瓶子是用聚对苯二甲酸乙二醇酯（PET）制作的。如果水太浑浊，阳光无法穿透，你必须先过滤一下。在晴好天气中，阳光的直射下，这种为水消毒的方法需用大约 6 小时，但如果是多云天气，最好还是等几天再说。

食物

靠着我们的文明的残羹冷炙，你能够维持多长时间？现代食物包装上的保质期只是一个指导意见，它们通常会留出一段安全期——这是对实际腐败时间的低估。那么不同类型的食物保持可食用的实际时间究竟有多长呢？一些产品几乎永远不会过期，包括盐、酱油、醋和糖（只要保持干燥），我们将在"食物和服装"一章中探讨如何利用这些材料保存食物。

在废弃的超级市场的货架上，我们食谱中的其他一些重要成员就没那么幸运了。大部分新鲜水果和蔬菜会在几星期内枯萎腐烂，

宽限期

不过块茎可以保存的时间要长很多，因为它们演化出了为植物储备过冬能量的功能。如果处于凉爽、干燥和黑暗的地方，马铃薯、木薯和甘薯很有可能撑过六个月。

熟食柜台里的奶酪和其他货品会在几个星期内发霉。几个月过后，肉铺里未经包装的带骨肉就会腐败到只剩下奇怪的 T 形骨和肋条。鸡蛋的保质期长得出人意料，在不冷冻的情况下一个月之后仍然能食用。

新鲜牛奶会在一星期之内变质，但是经过超高温灭菌的包装奶可以支撑好多年，而奶粉的保质期更长。因为脱水食品中的脂肪成分往往最先变质，脱脂奶粉保持可以饮用的时间最长。猪油和黄油在已经无法使用的冰箱里会迅速腐败，烹饪用油也会随时间变质（变得不适于食用之后，它们的脂质成分仍然可以用来制作肥皂或者生物柴油，我们在后文中将有探讨）。

白面仅仅能够保存数年，但还是比全麦面粉长，后者会由于更高的油脂含量而迅速变质。如果谷物没有经过破碎或者碾磨（从而把内部的胚芽暴露于潮气和氧气中），营养成分维持的时间便会长很多，所以未磨碎的完整麦粒能够在几十年内保持可食用性。与此类似，完整玉米粒保持营养的时间大约为 10 年，但是玉米粉的保存时间就降到了仅仅两三年。干燥大米可以保持 5~10 年。

以上所有数据的前提都是食物处于有利保存的环境中：凉爽而干燥。在温带地区的大型超级市场内部，对这种环境的期待算不上离谱，但是如果你生活在气候炎热而潮湿的地区，食物将会在电力中断、空调失效的那一刻迅速开始腐败。冰箱和冰柜停止工作以后，变质食物发出的刺激性气味会引来很多非人类拾荒者：老鼠和昆虫，还有成群结队的狗和其他之前的宠物，它们越来越饥饿了。就算是包装完好的食物往往也逃不过尖牙利爪的劫掠，因此幸存者能够得到的食物资源，更多会受到有害动物而非保质期的限制——就像早期文明的谷仓那样。

最大的防腐食品储备会是超级市场货架上一排排的罐装食品，不仅坚固的包装能够抵挡后末日时代的害兽与害虫之灾，在罐装过程中的热处理还格外有利于其免遭内部微生物造成的变质。尽管包装上往往印着两年之内食用最宜的字样，但实际上在制造它们的文明覆灭之后，很多罐装食品能够保存长达几十年——哪怕到不了一个世纪。罐子本身生锈或磨损未必意味着里面的食物也受到了损害，只要没有泄漏或鼓胀的迹象，就没问题。

那么，假如你是一名幸存者，独自拥有一家完整的超市，你能够利用它的货品生存多久？最佳策略是，最初几周内食用易腐烂的食物，然后转向干面粉和大米，以及更加耐久的块茎蔬菜，最终求助于最可靠的罐装食品。假设你仔细保持着平衡的饮食，有对维生素和纤维素的必要摄入（在这方面保健营养品区对你也会有所帮助），根据你的体形、性别和活动水平，你的身体每天将需要 2 000~3 000 卡路里热量。一家中等规模的超级市场应该能够供养你大约 55 年——如果你也吃罐装猫粮和狗粮的话，则是 63 年。

如果情景不再是一个人拥有一家可随意取用的超级市场，而变成了幸存者群体被全国的食物储备所包围，或者如果食物的来源由小小的路边店变成了庞大的分配仓库，这一计算结果自然还会按照比例增大。英国环境、食品及农村事务部（DEFRA）在 2010 年估计，全英国保存着相当于 11.8 日消耗量的"常温保存且变化缓慢的食物"储备（也就是不易腐烂的未冷冻食物，如大米、干面粉和罐头）。人口在灾难中遭遇大规模损失之后，这相当于为一个大约 1 万人的幸存者社群提供长达 50 年的食物供养。因此，一个规模足以迅速重启技术文明的社群应该有足够的喘息空间来恢复农业，并生产出自己的食物。

燃料

燃料是现代生活中的另一项关键消费品，在重建过程中，对于交通、农业和发电机的运行仍然至关重要。幸存者人群将拥有大量的汽油和柴油燃料储备。英国大约 3 000 万辆轿车——以及摩托车、公交车和卡车——的油箱提供了一个可资利用的分散燃料库。汽油可以通过虹吸的方法从废弃汽车的油箱中取出，或者甚至可以更简单粗暴一点：用锤子将改锥刺透油箱，让燃料流到事先准备好的容器里。加油站的地下油库也会集中保存大量的储备。没有电力，加油泵不会工作，不过临时拼凑一个带 5 米管道的泵来抽油应该也不会太费事。一般来说，每一座加油站的地下油库存储着大约 3 万加仑燃料，足够一辆普通家庭用车在后末日时代的道路上行驶超过 100 万英里。[1]

一个更加普遍的问题是燃料能够有多耐久。柴油比汽油更稳定，但也会在短短一年之内因为与氧气反应而开始形成黏稠的沉淀物，堵塞发动机的过滤器，冷凝器积聚的水也会造成微生物繁殖。如果得到妥善保护而且使用前过滤，存储的燃料有可能在十来年之内都保持着良好的品质，之后你才会需要寻找方法重新处理它以便继续使用。

机动车的零件用坏或者失效时，可以从别的车辆拆卸零件或者临时拼凑来保持其运行。我们这个时代的古巴对此提供了一个好例子。1962 年，美国的禁运突然使这个岛国再也得不到美国技术或者机器零件的进口。如今仍在路上行驶的很多车辆都是绰号"美国佬坦克"（Yank Tank）的经典车型，制造年代比那次禁运还早。在 50 年后的今天，那些车辆仍然能够上路的唯一原因是古巴机械师们的足智多谋，他们临时拼凑或者从被拆解的其他车上获取替代零件。随着可用零件的持续减少，这些修理工必须越来越别出心裁：在文明崩溃后的宽限期内，这样的行为模式必将会在更大范围内重现。

一定时期内，汽车、飞机和船只能够靠燃料储备和拆卸而来的零件继续运行，然而在卫星失去了指令中心的定期上行链路之后，

1　1 英里约为 1.6 千米。

宽限期

对我们来说已经不可或缺的现代 GPS 导航设备会以快得出奇的速度失效。灾难发生后两个星期内定位精度会降到大约 500 米，6 个月之内降到大约 10 千米。几年之内，随着卫星飘离它们曾经精心校准的轨道，定位系统会彻底失去用处。

药物

灾难之后，药品将成为另一项重要搜寻对象。保证拥有各种类别的止痛剂、消炎药、止泻药和抗生素等药物，将有助于你和你的同伴过上舒适而健康的生活。废弃的医院、诊所和药店并不是重要药物的唯一仓库——你还应当去检查一下宠物商店和兽医诊所。用于牲畜、宠物，甚至是观赏鱼类的抗生素和用于人类的完全一样，不应该被忽视。

其他一些日常用品因为可以用作医疗目的，也值得收集。超强力胶水（氰基丙烯酸酯黏合剂）最早的用途之一就是在越南战场上迅速弥合美国士兵的伤口。在后末日时代的世界里，如果无法立刻获取消毒过的缝合针线，这一应用对于预防威胁生命的感染将至关重要。首先彻底冲洗伤口，并用消毒剂——比如你自己蒸馏提纯过的乙醇（见第 91~92 页）——清洁，其次将伤口的两侧拉到一起，仅仅在表面涂抹超强力胶水，来把创口两侧连接起来并保持闭合。

不过最大的担忧是储存的药物多久之后会过期。20 世纪 80 年代初期，美国国防部发现他们价值 10 亿美元的药物储备即将到期，而且将每隔两三年不得不替换一次储备。国防部委托美国食品药品监督管理局进行了一项研究，检测超过 100 种不同药物的有效期还有多长。令人震惊的是，接受检测的药物中有大约 90% 在规定的过期日期之后仍然有效，其中一些药物的实际保质期相当长。抗生素环丙沙星在 10 年之后仍然有效。更晚一些的研究表明，抗病毒药物盐酸金刚烷和金刚乙胺在储存 25 年之后仍旧稳定，用于治疗慢性阻塞性肺病和哮喘等呼吸系统疾病的茶碱片在超过 30 年之后仍然表现出 90% 的稳定性。整体而言，在超过制药公司标注的保质期几年之后，据估计，大多数药物仍将大体上有效，哪怕是密封包装已经被拆开。现代的泡罩包装能够分别保护每粒单独药片免受潮气和氧化造成的退化，直到它们需要被服用的那一刻，保存期限更是得到了大幅延长。所以万一受到了可能致命的感染，你一定要用抗生素来试一试，哪怕它早就已经过期。尽管随着活性成分的化学降解，药物的效力会有所下降，但也没有太大受其伤害的风险。

为什么你应当离开城市？

你或许会觉得对任何城市而言，最糟糕之处是其他人：密密麻麻的人群，在街道上熙来攘往，在地铁上你推我搡，沉浸在马达和汽笛交相呼应的喧嚣当中。灾难造成人口减少之后，寂静无声的废

宽限期

弃都市一开始会显得相当诡异，但是也会令人心情非常舒畅。不过，尽管死寂的城市会是重建材料的重要回收来源，你还是不大可能继续住在那里。

在灾难之后的较短时间内，建成地区的主要问题会是大量遇难者的遗体。由于缺少有组织的机构以卫生的方式移除并处理这些遗体，最初的几个月内，腐败不仅会散发出令人无法忍受的恶臭，还会造成严重的健康风险。就像在任何灾难事件中一样，受污染的供水系统传播的疾病都是一个非常关切的问题。

但是经过了一年左右的时间，在乡间游历以及搜寻其他幸存者之后，何不搬回城里享受它的舒适呢？事实上，在文明崩溃之后，现代城市里那些熠熠生辉的摩天大楼乃至中等高度的公寓楼实际上都已经不适合居住了：只有在现代基础设施的支持下，它们才会发挥功能。没有电网和燃气的供应来保障空调或供暖系统的运行，建筑内部的气候会变得令人不适且难以控制。供水干线失去压力之后，你需要在城市中找到一处地下水源，每天把几加仑水运回你的公寓，而且要走楼梯，因为没有电力来驱动电梯运行了。如果决心足够大，你就能解决很多这样的不便：配备柴油发电机来为电梯、空调和水泵供电，至少暂时可以。你甚至还能短暂地满足一下入住奢华顶层公寓的幻想，在那里透过落地式厚玻璃窗眺望静谧的废城，在房顶菜园里利用密集型永续农业种植出你需要摄取的所有食物。后末日时代，一个更加合理的城市居住模式是紧靠一座大公园，将草皮铲掉种植庄稼。

在一些城市，技术泡沫爆裂之后，环境会迅速变得不宜居住。洛杉矶和拉斯维加斯这样的城市都很不协调地建在了非常干旱的地区甚至是沙漠里，一旦远距离供水的沟渠失去了维护，它们就会迅速枯萎衰败。华盛顿面临的问题则完全相反，因为它被建在了曾经的沼泽地上，排水系统失效之后便会开始恢复其最初的状态。

因此，我认为，永远地离开城市，搬到一个更加合理的地方居住，事情会容易得多。乡下便是这样一种更加合理的地方，那里有肥沃的可耕种土地和更适于脱离电网居住的老房子。可以开展海洋渔业的沿海以及林地附近都是适宜定居的，不过要小心持续的气候变化带来的不可遏制的海平面抬升。我们将在后文探讨，树有着非常多的用途，不只是能做柴火和建筑材料。你可以向死寂的城市派遣搜索队和营救小组，但还是住在农村容易得多。一旦重新安顿下来，你就会希望从本地电网入手，最大限度地恢复基本的技术基础设施。

离网电力

与食物及燃料不同，电力无法储存——它的供应形式是持续的电流，所以电力在灾难发生后的几天之内，便会随着电网的失效而消失。幸存者社群将需要自己发电，至于如何做到这一点，通过考察当今那些选择脱离电网，过着自给自足生活的人，我们便可以学到许多。

宽限期

最简单的短期解决方案是从道路施工地或者建筑工地搜集移动柴油发电机。你或许还可以接入沿着附近山脉高高挺立的风力发电机，以便在燃料耗光之后维持着一个可持续的电力网络。仅仅一部风力发电机就能够提供超过 1 兆瓦的电力，足够供应大约 1 000 户现代家庭。不过这只是在它需要接受维护之前，而在没有专门设备或者精密配件的情况下，你是没有办法进行这种维护的。

具备机械加工能力的幸存者应该不用费多大力气就能用回收来的材料拼凑一部原始的风车。薄铁片可以切割并弯曲成辐射状的扇叶，构成一部大风扇，安装到轮轴上，再用链条和自行车齿轮组传送扭力。

关键的步骤是把旋转动能转化为电能。为了做到这一点，你需要回收一部合适而且现成的发电机。有一种格外方便而紧凑的版本在现代世界特别普遍，以至于你对其视而不见都是可以理解的。如今在这颗星球上有大约 10 亿辆机动车——其中美国的拥有量超过其他任何国家，占总数的大约四分之一——每一辆都有一台可供回收的交流发电机。汽车交流发电机是一种精巧的机械。只要让转子旋转起来，端子上就能稳稳流动 12 伏特直流电，无论转子的旋转速度是多少，这种特性使它极其适用于后末日时代的小规模发电。此外，还有一些更加简单的替代品，如从无线钻头等电动工具或者健身房跑步机上拆卸下来的永磁电机。如果你强制旋转电机的转轴，它就会反向运作，通过其端子产生电流，只不过电流大小随速度变化。

太阳能电池板也可以被回收，而且与柴油发电机或者风力发电机不同，它不含活动零件，所以能够在没有维护的情况下保存得相当完好。不过电池板确实会随时间的推移而老化，原因是湿气侵入外壳或者高纯度硅层在阳光的照射下会退化。太阳能电池板产生的电力大约每年减少1%，所以在两到三代人的时间里，它们就会老化到不可用的地步。

下一个问题是如何存储生产出来的电力以供使用。事实上，灾难之后首先要去的地方之一便是高尔夫球场。这可不是为了挥舞几杆来缓解一下世界末日造成的焦虑，而是为了收集一种重要的资源。

汽车电池非常可靠，但它们的设计初衷是瞬间释放大电流来发动起步电动机。它们并不适于提供持久稳定的电能来驱动你崭新的脱离电网的生活。事实上，如果一再被放电超过5%，它们就很容易被毁掉。

可充电铅酸电池的另一种设计以其深度循环著称。它们放电的速率低得多，而且把全部电量几乎放尽后再充电也毫无问题。灾难之后，你应当立即搜索这种电池，具体搜索对象包括拖车和其他休闲车辆、机动轮椅、电动叉形起重卡车和高尔夫球场推车。从你的蓄电池组流出的直流电可以运行很多装置，如小型冰箱和灯，但也要尽量回收一种叫作逆变器的设备。它可以将直流电转化为240伏特的交流电，用来驱动其他装置。

在当今，脱离电网者和为了应付文明崩溃而武装自己的未雨绸缪者正在使用这种发电和储电设置。然而近代史中还有一些引人入胜的事例，证明了普普通通的市民在逆境中维持电力供应时所具备的足智多谋。比如在20世纪90年代中期的波黑战争期间，戈拉日代市被塞族武装围困了 3 年，被迫实现了大体上的自给自足。居民能够收到联合国空投的食品，但他们大部分的现代基础设施都被破坏了，而且也被切断了电力供应。为了发电，戈拉日代市民建造了自己的临时水电装置：把浮动在德林河里的平台系到桥梁上，然后在平台上安装桨轮水车驱动回收来的汽车交流发电机。

它们就如同中世纪欧洲城市里那些用于磨面的浮动水车的怪异仿品，位于河中央水流最湍急处，绳索将它们和桥梁拴在一起，不过这些现代的创新版本能通过悬浮线缆把电力送回河岸。

向城市要资源

目前我们已经探讨过如何利用我们文明的剩余物资，如食物和燃料等日用品、交流发电机和电池等在后末日时代应急发电的器件，来延缓幸存社会的衰落。不过死去的城市也能够提供重建所需的基本原材料。

一些重要材料，如玻璃和很多金属，都容易回收利用。即便金属器件经过很长的时间已经生锈腐蚀，金属也仍然存在，只不过需要同与它结合在一起的元素分离开来，大多数情况下这种元素是氧。一根严重锈蚀的钢梁本质上就是个丰度很高的铁矿石，利用历史上从天然矿石中熔炼出铁的技术，就可以重新精炼出纯金属，对此我们将在后文探讨（见第 136~139 页）。

　　塑料需要复杂的有机化学过程（以及从石油中获取的原料）来合成，所以在复兴的早期阶段，只能通过对现有塑料的再利用和回收循环来获取。根据分子结构和对热的反应，塑料可以分为两大类：热固塑料和热敏塑料。热固塑料基本上不能被回收：一经加热它们就会分解成由有机化合物组成的复杂混合物，其中一些成分毒性很大。而热敏塑料只要被清洁过，就可以被熔化并重新定型成其他产品。最容易利用原始方法回收利用的热敏塑料是聚对苯二甲酸乙二醇酯（PET）。区分你搜集来的物品是由哪种塑料制成的简单方法是查看印上去的回收标识码。PET 的标识是（1）——比如塑料水瓶几乎全由 PET 制成——并且你还可以成功回收（2）（高密度聚乙烯：HDPE）和（3）（聚氯乙烯：PVC）。

　　然而，玻璃可以不受限制地熔化再定型，塑料制品的质量却会随着与阳光和氧气的接触而下降，每次循环都会变得更加脆弱易碎。[1]所以尽管后末日时代的社会可以尽情利用我们留下来的金属和玻璃，

1　现代包装和物品很少有只用一种塑料做成的。比如牙膏管是由同时挤压出的 5 层塑料构成的：线性低密度聚乙烯、改性低密度聚乙烯、乙酯－乙烯醇、改性低密度聚乙烯，以及线性低密度聚乙烯（与其材料相符的是，塑料管本身也是从喷嘴中挤出来的，差不多就像是它内部将要灌注的牙膏）。这使得很多产品中的塑料实际上无法回收，只有那些简单的物品，如 PET 清水瓶，才值得回收并重新利用。

塑料的时代却终将不可避免地走向终结，直到人们重新掌握了足够的化学知识和技术。

随着文明的陷落以及远距离通信网络和空中航运的崩溃，地球村将会再度分散成一个遍布村庄的大球。根据最初设计，互联网在遭受核攻击并且失去很多节点的情况下仍然能够恢复，然而当电网系统性地失效时，它也并不比任何其他现代技术更加强健。断电几天之后，当计算机中心和基站的备用发电机燃料被耗光，移动电话也会变成废物。非主流或者老旧的技术将突然展现出新的重要性。当你和其他人分头回收资源时，你首先想要找到的事物之一便是老式无线对讲机，以便和你队伍里的其他成员保持联络。至于远程通信、民用波段或者业余无线电设备，它们对于你和其他幸存者群体建立联系这件事，将会产生价值。

但是需要在消失之前回收的资源中，最有价值的还是知识。书籍或许已经毁于城镇中肆意蔓延的大火，或是在阵阵洪水中化作了纸浆，或是就在书架上因潮气和透过破窗乘风而入的雨水而腐烂。尽管在应用范围方面占尽优势，我们的纸质文献却并不如早期文明的泥板、强韧的莎草纸卷或者羊皮纸持久。不过，假如幸存者群体开始重建，图书馆里的藏书仍旧完整，这些美妙的资源可以成为知识的宝藏。比如本书参考文献列表中有很多书都详细提供了文明所需的重要实践技能和过程，非常值得参考。同样，古老技术的仓库——科学和工业博物馆——也值得人们前去探查一番，搜寻那些可以拿来研究，并通过反向工程服务于后末日世界的精妙装置，如纺纱机或者蒸汽机。

在重建过程中，一个很可能会变得常见的场景是，成长中的幸存者定居点遍布乡村。它们的选址并不随意，而是环绕着死去的城市，排布在破败失修的高楼大厦和其他城市基础设施周围。只有回收团队会冒险进入这些无人区，捡拾废城的遗骨，从中收集最有用的材料，或许还会用上土制炸药来拆除，或者临时的乙炔火焰枪来切割金属构件。有价值的物品被拖回定居点，用来重新制成工具，犁或者其他任何重启文明所需要的东西。

早期阶段你将要面临的一大挑战是重启农业，到时会有足够的空建筑为你提供避难所，地下的燃料池能用来推动车辆及发电，但是如果你被饿死了，这一切便全都没有了意义。

农业

"我们在一个新的世界里有了飞速的开始。我们被赋予了充足的各种事物来起步,不过这并不会持久……后来我们必须犁地,然后我们必须学习怎么制作犁头,再后来我们必须学习怎么熔化钢铁来制作犁头……我们的飞速起步中最有价值的部分便是知识。那是令我们得以在祖先开始的地方起步的捷径。"

——约翰·温德姆,《三尖树时代》(1951)

你重启农业的需要有多么紧迫,完全取决于有多少人从造成社会崩溃的事件中幸存下来。为了完成我们的思维实验,我们假定你在食物储备耗尽之前有一个喘息的机会。这给了你时间来适应新环境、找到合适的地点定居,以及在可靠的收成成为生死攸关的问题之前,在农田里逐步从错误中学习。

文明崩溃之后,你需要迅速行动,找到并保存尽可能多的农作物。每一株现代作物都是几千年精心选择育种的结果,如果你失去了驯化的作物,便可能失去了一切快速重建文明的希望。在驯化的过程中,像小麦和玉米这样的物种接受的育种,是以营养最大化为目标的，现在离开了我们，它们便很难适应环境并生存下去。很多作物很快会被抓住机会重新占领废弃田地的野生植物击败，并被逼到灭绝的境地。

杂草丛生的废弃园地或者后院菜地，是寻找幸存可食用植物的合理地点。大黄、土豆和洋蓟等蔬菜，可能会在菜地被遗弃很久之后还保持着自我繁殖。不过，谷类作物才是我们食谱中的重点，如果你特别认真负责的话，或许会立刻组织几次取样考察，赶在这些作物烂在田地里之前把种子收集起来。或者你会幸运地从废弃的谷仓里找到几袋可以用好几年的种子。

不过，问题在于现代农业种植的很多庄稼都是杂交种：它们是由两种携带理想性状的野生植株杂交产生的统一而高产的后代。不幸的是，这种杂交作物结出的种子不能保持连贯性——它们不会定型成纯种，因此必须每年种植新培育的杂交种。灾难过后，你需要立刻收集的是那些传家作物：能够年复一年可靠繁殖的传统种类。很多未雨绸缪者囤积传家作物种子就是为了应对这种不确定性，但是如果你并没有提前储备，又该到哪里去找呢？

世界上有几百个种子银行，为后代守护着生物多样性，其中最大的是西萨塞克斯郡的千年种子银行，位置就在伦敦附近。那里的多层地下保险库能够抵挡原子弹的攻击，亿万颗种子被保存在里面。它是一座生死攸关的后末日时代藏书阁，只不过里面的书都是各种各样的作物品种。如果保存在寒冷干燥的环境中，多种植物的种子可以在几十年内保持可育，包括谷类作物、豌豆及其他豆科植物，以及土豆、茄子和西红柿。但是即便是这些种子，在一段时间后也会死去，所以需要每年都种植培育出新的种子以供储存。

低温能够延长保存年限，所以说最具复原能力的农业备份，一份在文明崩溃后很久依然能够读取的存盘文件，便是斯瓦尔巴全球种子库。这座仓库位于挪威斯匹茨卑尔根岛一道山坡内部 125 米处。1 米厚的钢筋混凝土墙、防爆门和气闸能够保护内部的生物藏品免遭最严重的全球性灾难，即便在断电的情况下，周围的永久冻土（种子库地点在北极圈以内）也会自然而然地将温度保持在 0℃以下，从而得以长期保存。可发育的小麦和大麦种子将在超过 1 000 年的时间里得到保护。

农业原理

你需要回答的关键问题：当我手持一把种子走进泥巴地，怎么能够在寒冬降临之前让它长出食物来？

这听起来像是个无须考虑的问题：种子自然会发芽，早在人类演化出来之前，植物就已经开开心心地生长了几百万年。但这完全不意味着耕作和农业是件容易的事。植物虽然自己就能生长，农业生产却是十足的人工行为。你试图做的是仅仅种植一个特定的植物种类，让田地里仅仅生长一种清一色的庄稼，而没有其他（田地里生长的任何其他植物都被定义为杂草，与你的食用作物争夺阳光、水和土壤养分）。你还要努力优化植株的密度，从而尽可能地增加土地的产出，同时最小化大面积耕种所需的劳动和能量。不过你需要防止这一回报丰厚的目标遭到昆虫和其他有害动物，或者在这种理想条件下流行的真菌病（正如同城市是人类流行病的理想温床）的侵害。这两项因素决定了庄稼地高度人工的环境，自然会一直对你进行回击。因此，要抑制这种不稳定的状况，你需要付出大量仔细的控制和努力。

然而在农业活动中，你还有一个更加基础的问题需要克服。在林地之类的天然生态系统中，树木和灌木从阳光中获取能量，从空气中吸收二氧化碳，并通过根部从土壤中吸取多种矿物营养来生长。这些关键成分变成了植物的叶、茎和根，被吃掉时又成为动物身体的一部分。等到动物排泄或者死亡并腐烂之后，这些营养又回到它们来自的土壤中。由此可见，天然的生态系统就像是一种健康的循环经济，各种要素在不同账户之间永无休止地转移。但是农田的性质有着根本上的不同：你促进植物生长的唯一目的是收获并搬运这些作物供人类食用。就算你把大部分剩下的植物残体重新撒回田地，你还是去除了实际被吃掉的部分。年复一年，土地会不断变得更加贫瘠。所以正是农耕的功能迫使你逐步移除了矿物营养，消耗掉了土壤的活力。此外，尤其是有了现代排水系统之后，我们的废水都经过了处理，先除掉有害的细菌，然后才被排放进河里或者海里——当今的农业是一条高效的通道，将营养物质从土地上剥离然后排放到海洋中。植物和人体一样需要均衡的营养，它们的三种主要食物是元素氮、磷和钾。磷在能量转送过程中的作用至关重要，钾有助于减少水分流失，而用来构成所有蛋白质的氮，才是决定庄稼产出的限制因素。除非你像尼罗河河谷地带的古代埃及人那样，格外幸运，每年都能有洪水用肥沃的淤泥为你恢复田地的活力，否则你就要采取行动来应对这一资产负债表上的基本赤字。

现代的工业化农业取得了惊人的成功，如今每亩地产出的食物是 100 年前的 2~4 倍。然而今天的农场能够运作，年复一年在同一块土地上密集种植单一作物，还能够保持高产，唯一的途径便是通过喷洒高效除草剂和杀虫剂，对生态系统实施铁腕控制，同时肆意地应用化学肥料。这些化学肥料提供的富氮成分是通过哈珀－波西法工业化生产出来的，对此我们将在"高等化学"一章中再次探讨。所有这些除草剂、杀虫剂和人工肥料都是利用化石燃料合成的，而驱动农业机械的能量也来自化石燃料。所以从某种意义上说，现代农业就是将石油转化为食物的过程——再加上来自阳光的一定输入——实际被吃下的食物中，制造每千卡热量要消耗大约 10 千卡的化石燃料。随着文明的崩溃和先进化学工业的消失，你需要重新学习传统方法。有机生产在今天是富人的专享，末日之后却会成为你唯一的选择。

在本章中，我们还会再次探讨如何常年保持土壤肥沃。让我们首先谈一下庄稼种植的基础问题。

什么是土壤？

作为一名农民，你对大自然的控制是有限的。你显然控制不了有多少阳光照射到你的田地：你无法改变所在地区的气候，也无法订购想要的季节。你也无法控制降水，尽管你可以通过平衡灌溉和排水调节田地中的水量。你最能掌控的一项因素便是土壤：就像我们刚刚讲过的，能利用化肥丰富其化学构成，还可以用犁等工具对其进行物理处理。所以在农业生产中，农民能控制的最基本元素便是土壤，而实现这种控制需要理解土壤是什么，以及它如何支持植物的生长。

历史上所有文明的存在，都要归功于这一层薄薄的耕作层。猎人——采集者可以通过在森林中觅食养活自己，但是城市和文明都依赖谷类作物的大量生产，而这些浅根草本植物又完全靠耕作层满足其生长需要。所有土壤的基本成分都是地壳岩石的风化物。岩石受到水流、风和滑动的冰川的物理侵蚀，又受到因在降落时溶解了少量二氧化碳而呈弱酸性的雨水的化学风化。根据破碎程度的不同，上述过程的产品可分为砾石、沙和黏土。这些碎屑被腐殖质粘连在一起——这种有机基质有助于保持水分和矿物，还使耕作层呈现出深色。典型的土壤腐殖质含量在 1%~10%，不过泥煤几乎是 100% 的有机物。但最重要的是，土壤含有大量各种各样的微生物，它们构成了一个肉眼看不见的生态系统，处理腐败物质并帮助植物回收循环养分。

粗沙、粉沙和细黏土等不同尺寸颗粒的比例是决定某一特定土壤性质及其适合种植的庄稼的主要因素。土壤的构成很容易通过观察来确定。在玻璃罐中填入 1/3 高度的土壤（要挑出所有的硬块和植物茎、叶），然后灌水至接近全满。盖上盖子，用力摇晃，直到所有团块全部散开，混合物变成均匀的泥汤。静置玻璃罐 1 天左右，让悬浮物重新沉淀，水基本上会重新变清。颗粒会按照大小顺序沉积，呈现出明显的层次或者条带，使你能够通过观察判断土壤混合物的各成分比例。最下面一层是粗沙，中间是细沙，顶层是最细小的黏土颗粒。

最适于耕作的土壤叫作壤土，含有大约 40% 的沙粒、40% 的细沙和 20% 的黏土。沙土（含沙量超过 2/3）排水良好，不会轻易被踩成沼泽，所以适合过冬的作物，不过矿物质和肥料容易流失，因而这种类型的土壤需要更多地施肥。而富含黏土的土壤（黏土颗粒超过 1/3，沙粒少于一半）不易于犁和耙的操作，需要更多石灰来保持易碎的健康结构。

在管理良好的黏土型土壤里，小麦、大豆、土豆和油菜都能够生长得很好。最适于种植燕麦的土壤要比小麦或者大麦喜欢的土壤更加沉重潮湿，如苏格兰经过上次冰河期冰川的碾压形成的土壤。在历史上，人们曾经凭借燕麦和土豆在其他庄稼不生长的地区推断出高产出和定居区域。大麦比小麦更喜欢轻质土壤，黑麦适合的土壤比其他谷物更贫瘠、含沙量更大。用比较宽泛的地理概念来讲，英国南部适合种植谷物，而北部的土地更难开垦，因而更适合放牧。

在排水良好的区域幸运地找到肥沃的壤土，只是重启农业的开端。为了尽可能地给庄稼长好的机会，你还需要对土地进行物理处理。"耕地"一词概括了你需要为此付出的所有体力劳作，包括松土、控制杂草以及为播种准备好一个适宜种子生根发芽的耕层，等等。

在足够小的范围内，你可以使用原始的手工工具来解决问题。在生长季节之前，锄头可以十分称职地完成粉碎表层土以及混入粪肥或者绿肥（腐烂的植物）的工作，还可以在播种或者庄稼生长的过程中刨除杂草。一个简单的挖穴滚可以在地上戳出排布均匀的浅坑，供置入种子并用脚填平。但是一旦从事这样一件费力又耗时的工作，你就不大会有机会做其他事情了。在几千年的农业历史中，人们一直在改进农业装备的设计，从而能更有效率地执行这些基本功能，在最大化土地产出的同时尽量减少需要付出的劳作。

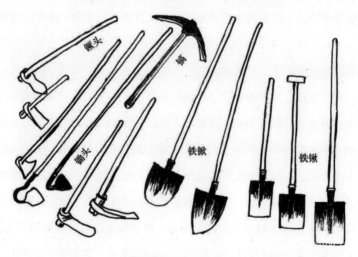

中国古代的常用农具

农业

农业最具标志性的工具是犁，但是它的功能已经不同于农耕刚出现的时候了。在美索不达米亚、古埃及和中国等最早发展出农业文明的国家，土地肥沃、易于耕种，原始的犁无非是一根经过削尖的原木，以一定角度插入土地中，被牛或人拖拽着划过土壤。这样做的目的是留下一条浅槽，可以把种子扔进去并略作掩埋。然而在这颗星球的大部分可耕种土地上，土壤都需要更多准备工作才能开展具有生产价值的农业。现在，犁的功能是小心地将整块田地的最上层土壤掀开、翻转，并略加粉碎。这样做的主要目的是控制杂草。在种子被播撒到田地之前，不想要的植物从根部被切断，随随便便地被土盖住。失去阳光后，它们会枯萎死亡，而它们的种子埋藏过深，不会成功地发芽。这种对土地的开垦操作还有助于混合顶层土壤中的有机物和养分，尤其是在你把肥料犁入土中的时候，还能增强土地的排水和通风，对于土壤中的微生物有好处。

灾难过后，你可能不用费很大力气就能很快找到废弃的拖拉机、用于开动它们的燃料，以及配备着多头犁铧的拖挂。但是等到因燃料耗尽或者零件短缺而让拖拉机无法再开动起来时，你就不得不退而采取那些集约程度较低的农业方法了。这并不是找到一些耕牛并给它们套上现代犁铧那么简单，因为要有很大的牵引力才能拖着这些奇妙的大型多头装置划破土地。如果找不到传统的犁——也许你该查看一下近旁城市里的博物馆——你就必须自己打造一个。你或许能够从一套拖拉机拖挂上卸下一把现代犁头，把它单独套在木框里，但是如果它们全都已经锈蚀掉了，你可以制作一个配着铸铁片的木头犁或者在锻造间重新制作回收来的铁板。从本质上来说，犁就是一个水平削入土壤，并迫使其翻上犁壁的尖利刀片，它的形状经过了精心设计，能够把地皮上下翻转后重新留在田地里。

犁完之后，产生的沟和脊必须再处理平整，才能形成一个适于播种的苗床。耙的历史和犁一样久远，不同设计的区别之处在于刺入土壤的深浅程度，以及粉碎土块的细碎程度。现代的耙是用成排的竖直金属片切过土地，或者拖动有弹性的弯曲金属齿，通过其上下震动来粉碎土层，这正是对手工耙地动作的机械模拟。你可以往菱形木框上朝下钉入长钉，做出你自己的简易版本，或者假如你实在是不知所措，找一根沉重的树枝拖过田地也是可以的。不同的庄稼有各自喜欢的耕种条件，如小麦喜欢较为粗粝的苗床，其土块大概要有儿童的拳头一般大，而大麦则喜欢精细得多的土壤。播种以后，应当进行力度较小的耙地操作，将种子埋入土中，也可以在行间耙地，去除杂草。

合适的耕作层准备停当之后，下一步就是把种子播撒到田地中了。"广播"一词最早的意义——早在收音机或者电视发明之前几百年——就是在田野中来回走动的同时，将袋中的种子向四面八方远远地抛撒出去。用这种方法，你可以较为迅速地播种，但是对于种子的位置基本上无法掌控，这给之后的除草工作造成了困难。在这方面，通过稍微发挥一点创造力，你的工作成效可以再次得到极大的改善。条播机是一种机械播种装置。它最基本的结构就是一辆手推车，顶部有装满种子的漏斗，一组齿轮在一个轮子的驱动下，缓缓转动漏斗斜槽底部的一个桨片，以固定的间隔每次施放一颗种子。每颗种子通过一根狭长的竖直管道，落入土壤中最适合其生长的深度。平行设置多个桨片和管道便可以一趟播种多行，调整齿轮组可以改变每一行植株之间的距离（你可以从经验中总结出不同庄稼适用的最佳齿轮设置）。这一系统极大地减少了对种子的浪费，因为间距被优化之后，作物之间不会相互竞争，也不会因为间距过大而浪费空间。而且，将庄稼排列成整洁的线条，而非以广播的方式随意抛撒，让你能更容易清除行间杂草。若再进一步加以改进，条播机还可以往每颗种子所在的洞中施放一小团粪液或者肥料，帮助每一株幼芽更好地成长。

我们食用的植物

所谓农业，无非是剥削利用被我们驯化成庄稼的植物的生命周期中的某个阶段。很多植物身体结构中的某个特定部位都已经演变出了仓库的作用，用来存储它们捕获的太阳能，以供其自身在来年使用，或者当作遗产留给下一代——种子。这些仓库就是我们在超级市场货架上看到的多汁而有营养的农产品。我们食用的大部分食根和食茎蔬菜都是两年生的——在第二年开花。它们的繁殖策略是把一季当中积累的能量囤积在一个格外膨大的部分，在休眠中熬过冬季，然后在来年春天早早利用其储备，赶在竞争者之前开花结种。主根膨胀的植物包括胡萝卜、萝卜、芜菁甘蓝、小萝卜和甜菜。种植这些品种并收获其膨大部分，实质上就是在劫掠它们在生长季慢慢累积起来的能量储备。马铃薯并不是真正的食根蔬菜：我们食用的其实是一段膨大的茎。其他一些植物把特化的叶用作能量仓库——洋葱、韭葱、蒜和葱都是紧密的一丛增厚的叶。菜花和西蓝花其实是不成熟的花，如果不及早采摘就会变得不可食用。果实显然是植物为种子准备的能量储备，如李子核外面那层多汁的果肉。从植物学角度来讲，小麦等谷类植物结出的谷粒也是一种果实。

　　人类放弃了游牧的生活方式，在农田环绕的特定地点定居下来之后，便彻底地依赖被驯化成庄稼的植物来获得可靠的收成。但是，我们并未满足于接受自然为我们选择、提供的营养丰富的植物储备。经过很多代的选择性育种，也就是根据人类需要的特定特征来决定哪些植物能够继续繁殖，我们已经改变了它们的生物学性状，某些品质得到强化，而不需要的特点被削弱。在干涉这些植物的繁殖策略，根据我们自己的目的改造它们的过程中，庄稼的生物学性状已经遭到了严重的扭曲，以至于它们如今要依赖我们才能够生存，一如我们的生存也要依赖它们。我们今天种植的每一种庄稼，从肿胀得离奇的西红柿到矮小而头重脚轻的稻米，都称得上是一种技术，是古代基因工程师们的产品。[1]

1　甚至胡萝卜为人们所熟悉的颜色也是人工的：它们根的天然色彩是白色或者紫色。橙色的变种是 17 世纪的荷兰农学家为了向威廉一世致敬而创造的，这位国王的名号的字面意义是"橙色王子"。

小麦　　大麦　　黑麦　　大米　　玉米　　燕麦　　小米

重要的谷类作物

在这颗星球上，有各种各样的可食用植物物种，尽管在几千年的时间里，其中只有很少的一部分被人类文明选为耕种和选择性育种的对象，但根据估计，人类种植过的种系仍然有大约 7 000 种之多。然而，寥寥十几种作物便贡献了当今全球粮食产量的 80% 以上，而美洲、亚洲和欧洲的主要文明建立在仅仅 3 种主要作物之上：玉米、大米和小麦。这些植物对于灾难后文明的重启具有同等的决定性作用。

玉米、大米和小麦，以及大麦、高粱、小米、燕麦和黑麦，都是谷类作物，事实上也就是几种草。我们食谱中的谷类绝大部分来自这几种作物，另外我们食用的大部分肉类都来自依靠放牧或者谷物草料喂养的牲畜，这两项事实意味着，人类主要通过直接或者间接地吃草才得以延续。而幸存者们需要关注的，正是这一类具有重大意义的作物。

　　尽管很多作物的收获方式都相当直接和直观——马铃薯要从土层里刨出；洋葱要从地面上拔起；苹果要从枝条上摘下——把谷物移出田地以及做成食物前的各种处理则要多费一点事。收获玉米无非是背着一个袋子走在植株行间，从茎秆上折下穗轴，但是采集其他谷类的谷粒就需要更加精细的操作了。免于手忙脚乱的方法便是直接割倒整棵植株，在田地之外回收谷粒。

　　收割用的工具有镰刀和长柄大镰刀。镰刀是一个短而弯曲的刀刃，有时带有锯齿，装在手柄上。使用时一只手将茎秆抓握成束，另一只手持镰刀割断茎秆。长柄大镰刀则是一种较大的双手工具，由一根带两个抓握处的长杆和一个略微弯曲的刀片构成。刀片长约1米，以合适的角度向外探出。操作长柄大镰刀需要更多的练习，但是抓握时手臂可以伸直，随着整个身体以固定的频率平缓扭动，刀片水平地扫过地面。倒下的茎秆被捆扎成束，以直立姿态在田间相互依靠摆放以便干燥，然后赶在秋雨落下之前运到谷仓。

　　收割——实际上就是收获你当初播下的种子——完成之后，下一步就是将谷粒同植物的其他部分分开。这叫作脱粒，最简单的方法是将收获的庄稼摆放在干净的地面上，用连枷去击打它们。连枷就是一根长柄，一端用皮革或者铰链连接着一根或者多根较短的棍棒。小型机械脱粒机的基本原理与此完全一样，它们是将圆形外壳紧密地套在转子外面，转子上覆有钉子或者线圈。当谷物茎秆经过间隙时，谷粒便会被剥掉，然后通过底部的栅格被滤出去。

农业

这个脱粒步骤留下的是与空谷壳混合在一起的谷粒，现在你必须将小麦与谷壳分离开（令人惊异的是，有那么多日常短语都源自农业生产，而它们是很多现代人与田间劳作的文化传统仅有的联系）。这个步骤叫作扬场，一个科技含量不大的选项是，在有风的日子把脱粒得到的产品扬到空中——较轻的谷壳和秸秆会被微风挟到近旁，而密实的谷粒基本上会直上直下。现代机械利用电风扇人工造风，也是依据这种已有几千年之久的原理。

随着后末日时代社会的恢复和人口的增长，为了提高农业生产的效率，以最少的人力生产出尽可能多的食物，使人口稠密的城市化文明成为可能，最为关键的创造之一将是把这几个步骤集成起来。今天的联合收割机使一位农民能够每小时处理20英亩¹麦田——这个速率大概是用长柄大镰刀手工收割的100倍。一个由旋转的桨臂构成的大圆柱体将茎秆拖拽到机器前方，一个水平的锯齿边刀片便以机械方式重复手工镰刀的动作，从一边切到另一边，斩断茎秆。基本的设计在差不多两个世纪里都没有改变过，最早用马拖动的机械收割机看上去与它们的当代后裔相似得令人诧异。联合收割机无疑是近代史上最重要的发明之一，将那么多人从田间劳作中解放出来，使我们得以在复杂的社会中扮演其他的角色。对此我们还会再次探讨。

---

1 1 英亩约为 4 046.86 平方米。

诺福克四圃轮作制

只要你能够自行种植谷物，同时为了获得均衡的营养和更加诱人的食谱种植其他水果和蔬菜，你便不会饿死。当然，你可以通过狩猎获取肉类，但是圈养家畜，同时牺牲部分耕作能力来喂养它们，事实上对于保持土地的生产力能够起到非常重要的作用。我们已经探讨过，如果没有化学补助，土壤的肥力便会衰减，然而动物的粪便使你能够将营养送回土壤。而且，有一类庄稼天生就能够提高土壤的含氮量，自 17 世纪以来农业革命的一个重要步骤就是利用它们。在灾难刚刚过去的世界里，对植物的耕作和对动物的饲养，将再次以相互促进提高生产力的方式变得密不可分。

在整个中世纪，欧洲的农民们一直遵循着一种定期让田块闲置的农耕习俗——这是一种糟糕的低效做法，因为在任意时刻，都有多达一半的农田没有种植任何庄稼。中世纪的农学家们已经意识到，如果一季接一季地种植谷物，他们的土地就会疲劳，产出率也会骤然下降，然而他们并不理解这种现象的成因，只能尝试休耕一年的解决方案。我们现在了解到这种肥力的下降是失去植物营养造成的，所以现代农业才那么依赖对人工肥料的大量使用。灾难刚刚过去之后，你不可能采取这种手段，所以必须求助一种更古老的方案来解决这个问题。

这个方案的要点是，虽然大部分庄稼都会从土地中掠夺氮，却有一些植物能在生长过程中把这种至关重要的营养送回土壤。这个

农业

令人震惊的植物家族便是豆科植物，包括豌豆、豆荚、三叶草、紫花苜蓿、小扁豆、大豆和花生。通过在一季结束时将豆类犁入土中，或者喂给牲畜，再利用牲畜粪便为土地施肥，至关重要的氮就会被捕获并保存在土壤里。人们对豆科植物这种增强肥力能力的应用改变了农业的面貌，将英国送上了工业革命的轨道。

因此，在一块田地里轮换种植豆类和其他农作物将能够维持土壤的生产力。但是比起仅仅在两种作物之间来回切换——比如三叶草和小麦——一个更好的选择是多种作物的循环，因为那样还能够打破疾病和害虫的发作周期。这些病虫害往往有着特定的攻击目标，因此每年一次的转变，以及多年不在一块田地种植同样的庄稼，意味着你能够不借助杀虫剂便能实现对病虫害的自然防控。

诺福克四圃轮作制作为历史上最为成功的轮作体系，在18世纪广为流传，并带动了英国的农业革命。在诺福克体系中，每块田地以如下顺序轮作4种作物：豆类、小麦、食根类和大麦。

我们已经了解到，种植豆类能够为循环的其他几个阶段积累土壤的肥力。三叶草和紫花苜蓿适宜在英国的气候中生长，但是在其他地区可能种植大豆或者花生会更有成效。一季结束之后，如果你并不收获植物的任何一部分用于人类食用，整棵作物都可以喂给牲畜或者直截了当地作为绿肥犁入地中。在种植豆类后的下一年，种植一季小麦来利用土壤的肥力，生产供人类食用的主要谷物。

再下一年，种植一种食根蔬菜，如萝卜、芜菁甘蓝或者饲用甜菜。在中世纪，春季犁、耙之后休耕一年的主要目的就是杀灭杂草，为下一季庄稼做准备。但是利用食根蔬菜，你可以在有所种植的情况下清除行间杂草。这一过程将生产出另外一种作物，你不必全部拿来自己食用——除非这种作物是马铃薯——你可以用来喂养动物。这会更快地养肥你的牲畜，产生更多可以撒回农田以保持其肥力的粪便。通过将有意种植的草料喂给牲畜，而不是简单地让它们自行觅食，你还可以节省下牧场的空间，利用这些空间种植更多的庄稼。

将其貌不扬的萝卜和其他食根作物用作饲料开启了中世纪农业的一场革命。这些作物不仅能够在夏天以高于放牧的效率养肥牲畜，还能在整个冬天提供可靠的高能量饲料。在它们被采用之前，每一年的深秋，欧洲都会发生大规模屠杀牲畜的事情，因为没有足够的食物让这些动物在春季之前不被饿死。萝卜和芜菁甘蓝、羽衣甘蓝、球茎甘蓝等其他饲用作物都是两年生植物，这就意味着冬天可以将它们留在地里，需要时再拔出喂给家畜。作为对干草和青贮饲料（发酵的草）等低能量粗饲料的补充，这些营养丰富的饲用作物能够支持大群牲畜熬过冬季，保持鲜肉、鲜奶和其他乳制品的供应。在幽暗的冬季，当你的皮肤无法利用阳光合成维生素 D 时，这些食物都将成为维生素 D 的重要来源。

循环的第四步，也就是最后一步，是种植同样可以喂养牲畜的大麦，不过要记得留下一部分酿造啤酒（我们将在下一章探讨这一点）。大麦经过这一步骤之后，循环回到了豆类的种植，为需要大量氮的谷类作物恢复土壤肥力。所以这种轮转体系是植物和动物之间需求与产出的协调结合，它对害虫和病原体有着天然的抗击功效，还能使营养在循环中回归土壤。上述的作物系统并不会全球通用，你必须找到适应你当地土壤和气候的组合。[1] 但是轮转体系的两项主要原则能够确保灾难之后，你无须依赖外来化学肥料便能可靠地养活自己并保持土壤的生产力：豆类与谷物的交替，以及不仅为了自己的食用，还为了喂养牲畜而种植食根作物。回归到小规模方法之后，5英亩土地足以养活多达10人的群体：小麦制作面包，大麦酿酒，多种水果和蔬菜，以及牛、猪、羊和鸡，提供肉、奶、蛋以及其他产品。

　　播撒动物粪便有助于土地肥沃，但是人类排泄物在后末日时代的农业生产中能够以同样方式得到利用吗？没有现代人工肥料的农业面临的挑战，如何尽可能高效地将粪便转变为食物（废物变庄稼），理想状态是，你可以将人类的消耗纳入一个封闭的物质循环，确保宝贵的氮不被遗失。

粪肥

　　当欧洲城市街道上敞开的排水沟还在污汁横溢的时候，中国的城镇居民已经在勤勤恳恳地收集他们的排泄物了。他们并未使用地

1　哪怕在英国，诺福克四圃轮作制在北部和西部的重质黏土土壤中效率也不高，因此历史上这些地区都侧重发展牲畜放牧和制造业（利用其利润从南部购买粮食）。

下排污管道，而是用桶和推车清空储粪池，再将污物撒/洒到城市周围的农田中。我们每个人每年要产生大约 50 千克的粪便，以及差不多 10 倍于此的尿液——这些废物中含有的氮、磷和钾用来施肥的话，足以生产出大约 200 千克谷物。

问题在于，你不能上来就兴高采烈地把未经处理的秽物撒在你之后还要吃的庄稼上：那样的话你只是在帮助数种人类病原体完成它们的生命周期，引发疾病的大规模暴发。事实上，工业化时代之前的中国虽然享受着高产出的农业，却也饱受地方性肠胃疾病的困扰。人类排泄物的正确处理对于确保一个社会的健康运转至关重要，你必须在重建文明之始就考虑这件事情（至少，后末日时代的定居点可以挖掘厕坑，而它的位置距离任何被用作饮用水源的井或河流至少要有 20 米）。

致病微生物和寄生虫卵可以通过加热到 65℃ 以上来杀死（我们将在食物保存和健康方面的段落中再次探讨这一主题），所以如果你想要利用人类粪便为田地施肥，需要解决的问题就变成了：如何为你自己排泄的大量粪便消毒？

在小规模的情况下，可以在粪便中掺入少量木屑、秸秆或者其他非叶片植物组织（为的是平衡碳和氮的含量，同时吸收水分），然后在肥堆中存放数月至一年，这期间定期搅拌。细菌部分分解掉堆肥中的有机物时就会释放出热量（正如我们身体的新陈代谢一样），这个过程能自然而然地把肥堆的温度升高到足以杀死致病微生物。最好将小便和大便分开——只需在厕所中修造朝向前方的沟槽——

以避免过多水分形成泥浆。尿液是无菌的，因此可以稀释后直接施向农田。

不过如果再多发挥一点创造力，可以利用一种生物反应器将部分人类和农家废物转化为一种更有用的东西。在堆肥过程中，我们的宗旨是要保持通风以便好氧细菌和真菌能够稳定地分解污汁。但是如果把排泄物保存在密封的容器里，隔绝其与氧气的接触，厌氧细菌就会兴盛起来，将有机物质不完全地转化为可燃的甲烷。甲烷可以用管道导入一个简单的储气设施。这种设施是一个混凝土内壁的水池，里面放置一个上下翻转且能够与池壁紧密贴合的金属容器。当甲烷气泡升入储气箱时，水起到了气密的作用，金属采气浮罩则会升高。漂浮的储气箱的重量提供了气压，可以用管道导出甲烷，供炉具、汽灯使用，甚至像我们在后文将要探讨的，为车辆发动机提供燃料。1 吨有机废物可以生产至少 50 立方米可燃气体，其能量相当于 40 多升汽油产生的能量（不足为奇的是，第二次世界大战期间，在缺少燃料的德占区，这样的生物气发生池变得很普遍）。在低温下，微生物的生长会变得相当缓慢，所以保持生物反应器的隔热很重要，甚至可以抽取产生的一部分甲烷来加热反应器。

当后末日时代的社会再次出现人口增长，大规模处理废物的方法将成为必需。肠道细菌，包括那些可能致病的菌株，在人体温暖的内环境中生长旺盛，但是难以在人体外面迅速生长。所以废物处理的主要诀窍，就是迫使人类肠道细菌在粪池中与环境微生物竞争——这将是一场细菌必败的生存之战。现代处理厂向污物中吹入空气，促进好氧细菌的生长，来加速这一过程。

对西方世界的很多人来说，用人类排泄物为田地施肥或许是相当让人厌恶的，但是在一些地方，这一做法已经被证实非常高效。在印度的第三大城市，大约有 850 万居民的班加罗尔，被委婉地称作"采蜜机"的卡车抽干城市的化粪池，然后将它们的货物运送到周围的农业地区。废物在被撒到农田里之前先在池中接受处理。在市面上甚至还能够买到含有处理过的人类排泄物的产品。美国得克萨斯州奥斯丁市出售的一种叫作"迪洛土"（Dillo Dirt）的化肥，就是利用堆肥过程中确保废物被自然加热到巴氏灭菌法要求的温度，来去除病原体的。

除了氮，植物还需要磷和钾。骨头富含磷——与牙齿一同构成了磷酸钙矿物的生物仓库，所以将动物骨头经过蒸煮粉碎做成骨粉，再撒到正在衰败的田地里，也是恢复肥力的好办法。用骨粉与硫酸（其制备方法将在"物资"一章中介绍）发生反应，会使磷酸盐更加容易被植物吸收，由此生产出效能高得多的肥料。事实上，设立于1841 年的世界第一家化肥厂，就是用伦敦煤气厂生产的硫酸和城市屠宰场里产出的骨粉反应，然后向农民出售"过磷酸盐"颗粒。化肥中的钾以草碱的形式存在，我们将在"物资"一章中探讨，这种物质很容易从木头灰烬中提取。1870 年，加拿大的广袤森林是欧洲化肥中草碱的主要来源。今天，我们则从特定类型的岩石和矿物沉积中提取制作化肥需要的钾和磷。在后末日时代的世界，要想识别这些岩石和矿物，需要重新掌握地质和勘探两门学科。

农业

现代化肥中对这三种营养物质的比例进行过优化（就好像顶级运动员们经过精心设计的食谱），使用本章介绍的较为原始的方法，你得到的产出不会像当今经过强化的土壤那么高，但是在恢复期，你还是能够把土壤的肥力保持在一个较高的水平上。

以一养十

后末日时代的社会若要发展，必须确保拥有一个坚实的农业基础。如果一场残酷的灾难抹掉了大部分人口以及知识和技能，幸存者们将被踢回到仅能维持生存的最低生活水平上，苦苦挣扎在灭绝边缘。如果幸存者都只能忙于奋力求生，那么在灾难之后，有多少工业知识和对科学的兴趣能够保存下来就无关紧要了。没有食物剩余的话，社会便没有机会变得更加复杂，或者进步。由于食物生产的重要性，你不会太愿意改变那些经过了实践检验并且你的生存维系于斯的生产方法。这就是所谓的食物生产陷阱，当今很多穷国都深陷其中。因此，当农业生产效率只能缓慢提高时，后末日时代的社会可能会停滞不前长达几代人之久。只有当农业生产效率经过了某个关键阈值，社会才会开始回到通往更多复杂性的道路上。

从最基本的层面上来说，增长的人口意味着更多的人类头脑，而更多的人类头脑会更迅速地找到问题的解决方案。但是高效的农业提供了一个更加重要的发展机遇。一旦基本的粮食安全得到了高效生产方式的保障，文明便可以将其很多成员从艰苦的田间劳作中解放出来。一个富有成效的农业系统可以让一个人养活好几个人，而这些人便可以自由地专注于其他手工艺和贸易。[1] 如果农田不需要你的体力，你的脑和手就可以投入其他用途。只有当这一基本前提得到满足，社会才可以在经济上有所增长，在复杂度和能力上有所发展——农业剩余是推动文明进步的基本引擎。然而只有当剩余的食物能够得到妥善保存且不会在食用之前腐烂掉时，文明的迅速重启才能真正享受到高产出农业的益处。下面我们将会探讨食物的保存。

1　利用本章介绍的很多先进技术，16—19世纪的英国农业革命在劳动密集程度降低的同时，实现了粮食产量的大幅提高，农民人口比例以及喂饱所有人所需的农业劳动力的下降，使更大规模的城市化成为可能。到1850年，英国的农民人口比例是全世界最低的，每5个人当中仅有1个在田间劳作就足以喂养整个国家。到1880年，每7个英国人中只需要有1个种地；到了1910年，农民人口比例已经降到了1/11。在当今的发展中国家，通过使用人工肥料、杀虫剂和除草剂，以及联合收割机等极大提高劳动效率的技术，每一名农业工作者生产的粮食足以喂饱大约50人。

食物和服装

"城镇残破了，巨人的功业已经崩裂。

房顶瓦解，高塔坍塌，

上了闩的大门被打破了：寒霜凝结在灰泥中，

天花板开口、撕裂又落下，

被岁月吞噬……"

《废墟》(8世纪撒克逊无名作家对罗马废墟的悲悼之词)

烹饪是人类历史上最初的化学——精心调控物质化学成分的转化。烤牛排焦黄酥脆的外层和面包金色的硬皮都与一种叫作美拉德反应的分子变化有关。食物中的蛋白质和糖发生反应，产生大量新的香味化合物。但是除了让食物的味道更能引起食欲之外，烹饪还有一些更加基本的目的，而且它将成为灾难后保证幸存者身体健康并且能得到充足营养的关键。

烹饪时的加热会杀死食物沾染的任何病原体或者寄生虫，防止微生物引起的食物中毒或者感染寄生虫，如猪肉绦虫。烹饪还有助于软化坚硬或者多纤维的食物，破坏复杂分子的结构，释放出更加利于消化吸收的简单化合物。这增加了大部分食物的营养含量，使我们的身体能够从同样多的可食用物质中提取到更多能量。对于芋头、木薯和野生马铃薯等食物，长时间加热可以使植物毒素失效。否则的话，拿木薯这一极端的例子来说，仅仅一顿饭便足以致命。

烹饪仅仅是食用前我们对食物进行的处理过程之一。收集食物后，安全地存储一段时期的能力，是食物能够支撑人类文明的基本先决条件。这种能力使产品可以从田地或者屠宰场运送到城市，来供养密集的人口，并且为较为短缺的时期留下储备。食物会被微生物的活动糟蹋——细菌以及霉菌——它们破坏食物的结构，改变其化学构成，或者释放出味道不好甚至对人类有毒的排泄物。食物保存的目的是防止这种由微生物造成的破坏发生，或者至少尽可能地延缓这个过程。实现这个目的，靠的是精心改变食物的状态，使它们不再是微生物的温床。从本质来说，你是在试图对食物的微生物学性质施加控制：防止微生物的生长，甚至利用某些微生物来防止另外一些不良的菌株站稳脚跟。在一些情况下，人们会促进微生物生长造成的发酵来分解食物中复杂的分子，让营养更加容易被我们摄取。由此说来，生物技术远非现代创新，而是人类最古老的发明之一。

用煮和煎的方法彻底烹制食物、发酵以及长期保存，我们之所以拥有这几种能力，靠的是把黏土烧制成陶制容器这一创新。它对我们这一物种产生了深刻的影响。与牛等反刍动物不同，人类的消化系统不具备多个胃，无法有效地分解很多种食物，因此我们利用技术来扩展身体的天然能力。所以说，在为了释放更多营养物质而进行发酵或者烹饪的过程中，用来盛放食物的陶器就相当于附加的、体外的"胃"——一种通过技术实现的预消化系统。

现代厨艺，不管其文化的内涵如何高妙精雅，不管其腌泡、油封、浇汁之类手法怎么花样繁多，都不过是在防止食物毒害我们以及尽可能多地释放其营养物质这两项基本需求之上，装扮了几许表面文章。本书不是烹饪教材，所以我们不会探讨食谱或者详细的烹饪指南，但是若要实现灾难后的复兴，食物保存和处理方法背后的普遍原理是人们应当掌握的。

食物的保存

保存食物需要考虑到微生物乃至一切生命形式能够茁壮生长需要的环境。但是我们将要探讨的传统技术都是经过漫长时期的试错发展起来的，其历史远远早于人们意识到看不见的微生物是腐败的元凶（甚至现代用罐头密封食品的做法也在细菌学理论确立之前就被采用了）。人们发现这些技术管用，但是提不出能够解释原因的理论。在灾难之后记住这一知识要点（请在 162 页查找如何制造能够看到微生物的显微镜）将极为有利于保持稳定的食物供应，以及避免传染性疾病——二者对于维持灾难后的人口增长都至关重要。

地球上所有的生命都需要液态水才能够生长和繁殖，不仅如此，有机体能够忍受的物理和化学条件也是有限的。说得更加明确一点：

细胞中的酶——驱动生物化学反应并协调生命过程的分子机制——只在一定范围的温度、盐度和 pH 值（表示溶液酸碱度的指标）的环境下才能够活跃。只要将这三个因素中的任何一个推离适宜微生物生长的范围，就可以实现对食物的保存。

保存食物最简单的方法就是脱水。得不到足够的水，微生物便不容易生长（这就是收获到的谷物入仓保存之前要干燥的原因）。传统的方法是风干或者晒干，适用于西红柿之类的水果和用来做肉干的肉类，但是这种方法比较缓慢，不适用于大量食物。

即便并没有经过通常意义上的脱水，很多其他食物也能在水分很少的情况下得到保存。用大量溶质制成非常浓的溶液，就可以把微生物细胞中的水析出来，阻止除了最强悍的种类之外的细菌生长。这就是果酱背后的原理——甜腻的水果在早餐的面包片上非常可口，但是创造果酱的最初原因就是利用浓糖水的杀菌作用保护水果。糖可以从热带甘蔗或者生长在温带的甜菜根里提取，方法是将上述植物原料捣烂后用水慢慢冲刷，把糖溶解到水中，然后晾干回收其结晶。基于同样的原因，蜂蜜有着极长的保质期。

人体的健康机能需要少量的盐——这就是我们如此嗜盐的原因，但如果是为了保存食物，需要的量就大多了。腌制食物受到保护的原理和果酱一样：浓盐水析出细胞中的水，抑制微生物的生长。新鲜肉类放在干盐中数天，或者全部泡在浓盐水中，便可以得到有效的保存——大约 180 克盐溶解到 1 升水中，便可以得到比海水大约浓 5 倍的盐溶液。腌制在整个人类历史上都是一种重要的保存技术，

食物和服装

因此值得更加细致的探讨。

原则上，如果你居住在海岸线附近，制盐就像过家家一样简单。海水的 3.5% 是溶解在其中的固体——其中绝大部分是食盐（氯化钠），可以通过蒸发掉溶剂水来提取。在阳光充足的地方，你可以把海水灌入浅盘，让其在日间的热量中蒸发，留下析出的一层盐。在非常寒冷的环境下，你可以让海水在浅塘中结冰，在底部留下浓缩盐溶液。但是在较为温和的环境中，如欧洲大部分地区或者北美洲全年最盛行的气候条件下，必须消耗燃料，为成锅的盐水加热，才能去除水分。因此，对盐这种有价值的商品来说，可获得性与其珍贵程度无关——地球 3/4 的表面盐水荡漾，而是由大量提取或者寻找可开采沉积物时的能量成本决定。[1]

腌制常常与另外一种保存技术同时被运用。天然毒性抗菌成分会在运用过程中产生，并渗入被处理的食物——往往是肉或鱼，这种技术便是烟熏。我们将在下一章中探讨，木头的不完全燃烧会产生大量化合物，其中有一类叫作木馏油，是熏制食物独特风味和抗腐败效果的成因。你可以非常容易地搭建一个小型烟熏室。挖一个用来容纳小型火堆的坑，覆以金属盖，旁边挖出一条 1~2 米长的浅沟，盖上木板再铺上一层泥土，形成导烟的通道。通道开口的一端，也就是烟排出的地方，放一台底部钻了洞的失效冰箱。在冰箱的网

1　盐（salt）在历史上的重要地位至今仍在一些语言中有所体现。比如，古罗马士兵得到的购盐津贴（拉丁语 salarium）便是现代英语"薪水"（salary）一词的词源。

格架子上摆放去除了内脏的鱼、肉片、奶酪，等等，然后熏制几小时。

在抵御入侵微生物这一方面，酸是人类的另一个好朋友。醋是乙酸的稀溶液（本章中我们还会再次探讨），在泡制食物时是非常有效的防腐剂。与此相反的方法，也就是用碱保存食物，远不如用酸那么流行，这是因为碱会皂化脂肪——参见"物资"一章中有关制作肥皂的内容——所以会极大地改变食物的风味和质地。[1]

除了用来自别处的酸浸泡，我们还可以通过促进排泄酸性物质的细菌生长，让食物自己产生防腐剂来保护自身。德国泡菜、日本豆面酱和韩国泡菜都是先用盐把蔬菜中的水分析出，然后利用耐盐细菌发酵，天然地提高酸性，将食物转变为一种极端环境，阻止可能造成腐败或者食物中毒的其他微生物在其中繁衍。

酸奶的制作方法与此类似：利用一种释放乳酸的细菌以可控的方式让牛奶变酸（一般来说，酸性物质尝起来都是带酸味的）。这创造出一种酸性增强了的内环境，阻止其他微生物的繁衍，把营养物质可供摄取的时间延长了数日。由于牛奶是数种关键营养的来源，

1　一个例外是中美洲土著文化对玉米的传统制备方法。他们在水中加入熟石灰或者草木灰配成碱性溶液，然后在其中煮玉米。当地土著语言纳瓦特中对这种处理方法的称呼由表示"灰烬"和"面团"的两个词构成，当代英语中也有了表示这种处理方法的派生词"nixtamalization"。这样处理不仅能够改善风味，还能够使谷物中的维生素 B3 被人体吸收。在以玉米为主食的欧洲人和北美人中，缺乏这种维生素造成的糙皮病曾经肆虐了两个世纪之久，就是因为他们接受了这种谷物却没有掌握处理它的正确方法。

它的保存对灾难后的幸存者来说很重要。

维生素 D 能够帮助人体从食物中吸收钙，因此对于预防佝偻病这种骨质退化疾病至关重要。当皮肤暴露在阳光中时，我们的身体可以产生这种维生素，但是在人们必须包裹得严严实实才能对抗严寒的，有着漫长黑暗的冬季的高纬度地区，佝偻病曾经困扰人们许多个世纪。牛奶是维生素 D 和钙的很好来源，因此可靠地保存牛奶中的营养将有效保障北方居民的健康。[1]

去除奶中大部分的水，使之变成黄油，是保存牛奶中富含热量的脂肪的好办法。制作黄油的本质是首先提取富含脂肪的奶油。你可以把牛奶放在一个凉爽的容器里静置 1 天左右，让奶油自然地浮到上层，也可以用离心机（一个旋转的桶就能做到）来加速这个过程。搅拌的目的是让脂肪小液滴聚成团，排出剩余的乳液，也就是脱脂奶。这可以通过在地面上来回滚动奶罐或者摇晃它来实现，不过一个更加高效的临时方案，是使用装了搅拌桨的电钻。从脱脂奶中抽取出黄油，加盐后轻揉，直到所有的水都被挤出，盐与黄油混合均匀。

酸奶可以保持稳定好几天，黄油可以保持大约 1 个月，而奶酪可以安全地保存牛奶营养长达数月：它是完美的防佝偻病藏品。制作奶酪的方法更加复杂，但是其要点就是通过去掉水分来保存牛奶

---

1 北半球的陆地与极点的距离要比南半球近得多。泰恩河上的纽卡斯尔比南半球非洲、大洋洲或者南美洲大陆的任何一个地方都接近极点，因此冬季接收到的阳光更少。

中的营养。牛犊第一个胃中的凝乳酶，可被用于分解牛奶中的蛋白质，使之凝固。凝乳被抽取出来压成结实的团块，然后等待成熟。不同真菌的作用使不同的奶酪各自有其独特的外观和风味。

谷物的制备

下面让我们来看看谷类作物的准备工作。史前对小麦、大米、玉米、大麦、小米和黑麦的驯化，是人类最辉煌的成就之一。这些被种植种系的繁殖策略已经被人工选择所改变，结出的谷粒更加容易被人类采集——跟我们喂养的牛或羊不同，我们不具备反刍消化的生物学优势，因此使用草本植物对我们来说是一种挑战，而上述作物便是我们针对这一挑战找到的解决方案。

玉米可以直接留在穗轴上烹制并食用[1]，大米去壳后经过简单的煮或者蒸后，也可食用。但是和很多种植的水果和蔬菜不同，大部分谷类作物坚硬的小小谷粒不能整粒进肚：它们在被食用之前必须经过技术上的准备。

谷粒必须被碎成细粉，也就是面粉。最简单的方法是把一捧谷粒放在地面上一块光滑平坦的石头上，弯下身去，利用身体的重量

---

1 6 000多年以前，南美洲的居民发现了如何加热和"爆开"某些玉米的变种。在这种处理方法的基础上，如今仅在美国就有一个针对电影院的规模高达数十亿美元的市场。

食物和服装

用一块手磨石进行碾磨。但这是一项劳累筋骨而且极其费事的工作：一种更为有效的系统是把谷粒放在两个短粗的圆柱体石头或者铁盘之间碾磨，谷粒通过中心的孔送入（英语短语 adding grist to the mill，意思是"获利、赚钱"，其字面意义是"把谷物送进磨粉机"，这也是一个源自古代农业的日常短语）。上面磨石的重量提供了压碎所需的压力，而它的旋转把面粉推向外缘以便收集。磨石以这种方式成为人类臼齿的技术扩展，通过碾磨把坚硬的食物变得更容易消化。你可以套上一头大牲口，让它来推动这缓慢的旋转，减轻你手工劳动的强度，甚至将水能或者风能驾驭成更加理想的代劳者（我们将在"为民供能"一章中探讨如何做到）。但即便如此，粉碎掉一季的谷物也会成为恢复中的社会的一大能量消耗。

在食用面粉的方法中，最简单也最不可口的是，将它与少量水混合成浓稠的粥。但有一种制作工艺做出的食物更加可口，样式千变万化，而且富含淀粉，所需要的仅仅是多做一点准备工作。干粮本质上不过是把稀糊烹熟而已，但是作为一种摄取营养的有效途径，从其诞生之日起便一直是文明的基石。其基本配方简单到可笑：把一些草种磨碎，撒入面粉，加水和成松软的面团，然后擀平慢慢烹制，哪怕是在被火烧热的石头上也可以做到。这样做出的是未发酵的饼，直到今天也还是非常普遍，其形式包括薄煎饼、馕、玉米粉圆饼、阿拉伯大饼和皮塔饼。

不过在西方世界，人们最熟悉的一种干粮是发面面包，这需要另外一种原料。酵母是一种微生物，这是一种单细胞真菌，与腐烂的树干上生出的伞菌关系较近。在被用于面团的发酵时，它排放出二氧化碳，在面团中形成气泡，从而使最终生产出的面包轻盈而松软。酵母中的一个种类叫酿酒酵母，在今天几乎被用来生产所有的发酵面包。这种微生物以其自己的方式辛勤工作，就像牛或马一样，对人类生活起到了不可替代的作用。如果你能够想起来在它遗失在灾难造成的混乱中之前，抢救出一批引酵用的起子，便会赢得很大的方便。你可以在超级市场中找到风干后装在小袋里的酵母，但是它们不可能一直保持活性。不过如果你不得不从零开始分离出这种用于制作面包的微生物，又该如何做呢？

和其他发酵细菌一样，用于面团发酵的酵母菌天然存在于谷物中，因此也存在于磨出的面粉里。诀窍在于要将这些有益微生物从其他所有可能有害的微生物当中分离出来：你需要扮演一位原始微生物学家的角色，创建一个有利于我们需要的微生物的选择过程。以下操作指南将引导你如何分离出用于烘烤酸面包的微生物。第一块这种面包于大约 3 500 年前在古埃及被烘烤出炉，至今在手工面包师当中仍然非常流行。

在一杯面粉（全谷面粉最适于这一初始过程）中加入半杯至三分之二杯水，加盖后静置在温暖的地方。12 小时之后查看有无发酵的迹象，如出现泡沫。如果没有出现，搅拌后再等待半天。出现发酵迹象后，抛掉一半的培养基，加入以同样比例混合的新鲜面粉和水，每天进行 2 次这种替换工作。这能为菌落提供更多用于繁殖的营养，并不断倍增用来扩展的空间。大约 1 周之后，当你的培养基散发着正常的气味而且每次补给之后都能够稳定增长发泡，就好像一只靠着你留在碗里的食物便能够茁壮成长的微生物宠物，你就可以取出一些面团用于烤制面包了。

通过执行这一迭代过程，你实际上创造了一个初级的微生物选择协定：只选择那些能够依靠面粉里的淀粉生长，而且在20℃~30℃时增殖速率最快的野生菌种。最终得到的面团并不是仅有一种分离产物的纯种培养基，而是由乳酸杆菌属构成的平稳群落，能够分解谷物中储备能量和营养的复杂分子，酵母菌则依靠乳酸杆菌的副产品生存，并释放出二氧化碳令面包发酵。这种不同物间互利互惠的紧密关联叫作共生，是生物界的寻常现象：从豆科植物根部寄生的固氮细菌，到我们肠道中帮助消化的细菌都是如此。乳酸菌还会排放乳酸（就像在酸奶的制作过程中一样），这不仅令这种面包有一种可口的酸味，还防止了其他微生物繁殖，使整个共生面团群落非常稳定而且能够有效防御外来入侵。

然而，并不是所有面粉都适于制作发面面包，因为只有谷蛋白形成有韧性的团块，才能够禁锢住酵母菌生长时呼出的二氧化碳气泡。小麦含有大量的谷蛋白，所以能够做出极其轻盈的面包，而大麦面粉中几乎没有谷蛋白。不过，大麦有一种远比日常面包更加令人开心的应用。

在氧气充足的环境中——比如面团里——生长的酵母菌可以将其食物的分子一直分解成二氧化碳（就和人类的新陈代谢一样）。但是在隔绝氧气的条件下培植时，酵母菌只能部分地分解糖，将乙醇

（酒精）作为废物排放出来：这就是酿造的本质。自被发现以来，酒精就一直在为贪杯者的寻欢作乐助兴，但是它还有无数其他的用途，非常值得为了重建文明的目标而进行提纯。浓缩酒精是一种有价值的清洁燃料（可用于酒精灯和生物燃料汽车）、防腐剂和消毒剂。它还是一种多用途溶剂，能够溶解多种不溶于水的化合物，这种性质可以用来从植物中提取化学成分来制作香料，或者制备医用酊剂。酒精暴露于空气中一段时间就会泛酸，任何一位喝葡萄酒的人都会在一瓶酒打开几天之后见识到这个现象。新的细菌在酒精中落户，把乙醇转变为乙酸：食醋通常就是 5%~10% 的乙酸水溶液，进一步浓缩后可用于泡制。

　　和面团中的混合微生物群落不同，用于酿造的纯酵母菌菌落本身无法分解谷物中复杂的淀粉分子，因此淀粉必须先被转化成可发酵的糖。淀粉的生物学功能是为幼苗提供营养，直到幼苗长出自己的叶子，同时谷物自身分解淀粉的机制由此被激活。大麦粒（或者任何其他一种谷物）被浸在水中，在温暖潮湿的室内放置一周，促使其发芽，这样淀粉就会被分解成可发酵的糖（淀粉分子就是糖分子连接而成的长链）。接下来它们会被晒干，或者是在烧窑中接受一定程度的烘烤——为的是令最终的酿造产品有不同的颜色和风味。这些麦芽被捣碎后与热水混合，使所有的糖溶解到水里，然后过滤生成甜味的麦芽汁。麦芽汁先被熬干一些水分以便浓缩糖分，同时熬制也起到了杀毒的作用，为之后添加需要的发酵微生物提供一个干净的环境。最后，待麦芽汁冷却，加入之前酿造过程中产生的酵母，发酵一个星期左右。

食物和服装

为了给子孙后代留下一些这种有用的真菌，啤酒将成为一种极为有用之物，应该在灾难之后尽快从超市中回收，因为其底部会沉淀出活体酵母菌。不过适用于酿造的酵母菌在环境中也是存在的，可以用与前述类似的选择技术分离出来。事实上，当今用于商业面包制作的纯酵母菌都源自啤酒发酵槽里的泡沫，用将在"医药"一章中描述的琼脂盘和显微镜这两种微生物学工具分离出来。所以下一次当你饮至微醺，记得你的脑已经受到了单细胞真菌排泄物的轻微毒害和损伤。干杯！

基本上，任何一种糖源（或者由淀粉分解而成的糖）都可以发酵成酒精产品：蜜、葡萄、谷物、苹果和大米能分别制造出蜜酒、葡萄酒、啤酒、苹果酒和米酒。但是不管来源是什么，发酵而来的酒精都只能达到大约12%的浓度，再高的话，酵母菌细胞就会被自己的乙醇排泄物毒死。把乙醇同水以及污浊的酵素中任何其他物质分离开，从而把酒精提纯到更高浓度的过程，叫作蒸馏，这是另外一项着实很古老的技术。

就像把盐从盐水中提取出来一样，把酒精从多水的发酵产物中分离出来也是利用了两种化合物的不同性质——乙醇的沸点要比水低。最简单的蒸馏器并不需要比蒙古游牧民制酒时所用的更加复杂。一碗发酵过的麦芽浆放在火上，一个用来收集的容器搁在碗上方的架子上，然后一个装满冷水的尖底罐放在最上方，最后在这整套器具上方盖上一个罩子。火加热麦芽浆，乙醇先蒸发出来，蒸气在水罐底部凝结，流下来滴到中间的收集容器中。现代实验室也无非是用精致的玻璃器皿复制了这套基本设置，只不过有一个温度计确保从麦芽浆蒸出的气体不会超过 78℃（乙醇的沸点），加热装置则是一个气门可调节的汽灯。这个过程的效率可以通过使用分馏柱而提高。分馏柱是一个内部堆满了玻璃珠的竖直圆柱体容器，来自麦芽浆的蒸气会在玻璃珠上重复地凝结、再蒸发，每一次都进一步提高酒精相对于水的浓度，直到最后带水冷套的冷凝器收集馏出液。

利用热和冷

最后，我们将探讨一下对温度的掌控——利用极端的热和冷——为什么在保存食物方面是一种价值无法估量的技能。

历史上一直在使用的保存技术——干燥、腌制、泡制、烟熏——都相当有效，但是往往会改变食物的风味，而且在保持营养物质方面也并不完美。19 世纪早期，法国的一位糖果商想出了一种新方法：用软木塞和蜡把食物封在玻璃罐里，然后把玻璃罐放在热水中几个小时。之后人们很快开始使用气密金属罐（如今我们使用锡罐，或者至少是镀锡钢罐的原因是，锡是少数几种不会被食物里的酸腐蚀的金属之一）。[1] 对于加速重启而言，一个鼓舞人心的事实

1　第一把罐头开罐器直到 19 世纪 60 年代才出现，那时法国军队配发罐装食品已经有 50 年。士兵要使用凿子或者刺刀开启自己的口粮。罐头在平民之中普及之后，人们才开始需要开罐器。

是，并没有什么先决技术的缺失阻止罐头食品提前几个世纪被发明出来——哪怕是技艺精湛的罗马玻璃工也可能造出来可靠的气密容器——所以幸存者可以在文明陷落之后很快就开始用罐头存储食物。

罐装过程的主要原则是，通过加热灭活已经存在于食物中的微生物，并且利用密封防止更多微生物沾染食物造成腐烂。一种与之相关的方法叫作巴氏消毒法，通过短暂加热到 65℃ ~70℃ 来灭活引起腐败或者致病的微生物。这种方法在处理牛奶（无须变成凝乳）以防止结核病和肠胃疾病传给人类时格外有效。为了得到最安全的保存，没有经过酸化或者泡制的食物应当被封入压力罐中，置于超过通常沸点的温度下，因为这样会彻底消毒，甚至能杀死抗高温的微生物孢子，如肉毒杆菌。

这就是怎样利用高温保存至关重要的食物储备长达多年的方法。而冷又该如何利用呢？

随着温度的下降，微生物的活动和繁殖会变慢，令黄油腐败以及新鲜水果软化的化学反应也会延缓。人们很久以前便已经了解低温的保存功能。至少 3 000 年前，中国人就在冬天收集冰，用于全年在洞穴里保存食物。在 19 世纪的头十年，挪威是向西欧出口冰的主要国家。不过制冷能力是现代文明的一项重大进步，而且比制热困难得多。应用气体定律制造制冷机，不仅非常便于防止新鲜食物迅速腐败或者冷冻食物得以长期保存，还可以用于医用血库的安全保存或者疫苗的运输，以及空调的制造或者蒸馏空气来制备液氧。我们将细致探讨一下制冷机的工作原理，因为我们还将借此阐释一个有趣观点——关于技术采纳，以及一个恢复中的社会如何能走上一条与我们迥异的道路。

制冷技术背后的关键工作原理是，液体汽化时会从周围环境中吸收转化所需的热量。这就是为什么我们的身体靠出汗来保持凉爽，而制冷的一个低技术解决方案本质上就是一个流汗的黏土桶。在非洲很常见的泽尔罐（Zeer pot）是把一个有盖的黏土桶放在另一个未上釉的大桶内，两桶之间的缝隙里填满湿沙子。当潮气蒸发的时候，就会带走内桶的热量，降低其温度，因此泽尔罐可以延缓市场上水果或者蔬菜的腐烂达一个星期甚至更长时间。

所有机械制冷机的运行都基于同一个基本原理：控制"制冷剂"的汽化和重新冷凝。汽化（沸腾）需要热能，而冷凝释放出热能。如果你让循环中的汽化步骤发生在一个绝热箱子里的管道内，就会从这一封闭空间里抽走热量，从而冷却其内部，使你可以把那些热量通过设备背后的黑体辐射散热片排放到周围的空气中。

基本上所有现代制冷机的冷凝步骤——把制冷剂变回液体，使其再次汽化时，从绝热箱中带走更多热量——都是使用一个电子压缩泵。但是替代方法也有许多，其中最简单的一个叫作吸收制冷机（阿尔伯特·爱因斯坦本人曾参与过一个版本的发明）。在这个系统中，氨之类的制冷剂并不是通过被压缩而冷凝，而是溶解或者说被吸收到水里。通过加热氨水把沸点远低于水的氨气分离出来（与我们在第91页探讨过的蒸馏工艺采用了完全一致的原理），让冷凝剂回到循环中。加热可以使用汽灯、电热丝或者仅仅是阳光的热度。通过这种方式，吸收制冷机别出心裁地利用热量来保持物体的凉爽。事实上，由于根本不需要电子马达来驱动压缩泵，这一设计中不包含活动构件，所以极大地降低了维护需要和崩溃风险，而且它的运行是无声的。

如果说历史是一桩又一桩该死的事件，那么技术史无非是一项又一项该死的发明：前赴后继、各自击败了其低劣对手的新鲜玩意儿。不过真的是这样吗？现实很少会那么简单，我们必须记住，技术史是由胜利者写就的：当失败者慢慢被世人所遗忘，获得成功的那些进步则给人一种技术发展是沿着线性的阶梯拾级而上的印象。但是让一项发明取得成功的并不总是功能上的先进。

在我们的历史上，压缩和吸收设计差不多在同一时间被开发出来，但是取得商业成功并在今日成为主流的是压缩设计。这很大程度上要归因于电气公司的支持，当时方兴未艾的它们急于确保其产品拥有不断增长的需求。因此，今天吸收型制冷机的广泛缺席（除了燃气休闲车，对这种车来说，不用电运行的能力至关重要）更多地取决于偶然的社会或经济因素，而不是设计本身的固有劣势。最终能够被我们买到的都是制造商认为能为其带来最大利润率的产品，而这很大程度上取决于已经存在于现实中的基础结构。所以说，你家厨房里冰箱嗡嗡作响——使用了电子压缩机而不是安静的吸收型设计——的原因，跟那种机制的技术先进性并无太大关系，而是因为20世纪早期社会经济学环境中的种种机缘巧合"内定"了这种解决方案。后末日时代复原中的社会完全有可能采取全然不同的发展轨迹。

衣服

我们已经探讨了用于烹饪和发酵的陶器如何像体外的胃一样帮助我们消化，磨石又如何成为我们臼齿的扩展。同样的道理，衣服是另一项增强我们身体天然生物学功能的技术应用。它增强了我们保持身体热量的能力，使我们得以让自己的足迹踏遍那些离东非大草原万里之遥的地方。

直到大约 70 年前——在文明的时间尺度上不过是一眨眼的事情——我们还只能用天然的动物和植物制品包裹自己。第一种合成纤维尼龙直到第二次世界大战爆发才出现。在灾难发生后相当长的一段时间内，重启中的社会掌握的有机化学，不可能达到制造这些高分子化合物所需要的发达程度。因此，我们过去果腹和蔽体的方式之间存在着深刻的联系——通过种植和培育驯化了的植物和动物，人们得到的不仅有可靠的食物来源，还有捻合成束或者交织成布的纤维，以及被处理成皮革的毛皮。而且纺纱和编织的技术还成为文明的很多其他基本功能的基础：用于捆绑的索、用于建造和起重的绳，以及用于船帆或者风车叶片的帆布。

当过去文明遗留下来的衣服全都穿坏了以后，重启中的文明将再次需要从大自然中采集合适的纤维。植物来源包括大麻、黄麻和亚麻的茎，剑麻、丝兰和龙舌兰的叶，以及棉花或木棉种子周围松软的纤维。动物性纤维几乎可以从任何一种有毛的哺乳动物身上获取，不过羊毛和羊驼毛最为普遍，而一个盛行的昆虫来源是家蚕结的茧：蚕丝。由此看来，羊毛帽子和精致的丝绸衣服成分和牛排差不多，都是蛋白质，而构成亚麻夹克或纯棉衬衫的也正是报纸的基本成分：连接成串、构成植物纤维素的糖分子。

那么要把采自棉花或者从绵羊身上剪下的一团团天然纤维变成赖以生存的衣服，我们需要哪些基本技能呢？我们将从更加基本的入门级技术谈起，然后再考察一下 18 世纪晚期的英国，始于工业革命的那些改变世界的机械又是如何把这些技术改造得面目全非的。我们将主要关注羊毛，灾难发生以后，仍然能够获取到这种材料的地理区域将会比棉花或者蚕丝等其他选项更广泛。

从剪下的羊毛中捡出所有碎屑和植物碎片之后，要在温暖的肥皂水中洗涤以去除大部分油脂。接下来它需要被梳理：在两个嵌满脚钉的桨片之间不停地刷，破开并理顺紧致的羊毛团，让纤维变得顺直而平整，形成轻软蓬松的束。现在这种准备好的"粗纱"就可以用来纺纱了。

纺纱的目的是把蓬松的短纤维变成坚韧的长线。你不借助任何工具就可以做到这一点，只需要轻轻地扯拽粗纱，拉出松散的一缕纤维，然后用手指尖捻搓成一丝细线。尽管仅仅用手也有可能做到，但是这样过于耗时，所以理想的情况下你还是会希望借助技术手段把这个工作变得容易一些。手纺车可以同时执行这两项重要任务：

从粗纱中抽出细股，然后拧成强韧的纱线。

用手或者脚踏板转动大轮，大轮通过传送带或绳索使前置的锭轴以更快的速度旋转。这里有一个关键的构件叫作锭翼。它是列奥纳多·达·芬奇在 1500 年左右设计出来的，是少数几个他尚在人世时就被实现的思想成果之一。U 形的锭翼旋转得比纱锭稍快一点，正在被纺的线股先经过一条臂上排列成一行的钩子的导引，然后在末端滑落下来，缠绕在心轴上。这一高明的简单设计能够在将纤维扭结成束的同时把它们缠绕在线轴上，以备将来使用。即便如此，用手纺车纺出足够的线还是要耗费大量的时间，以至于历史上这样的工作都是由年轻女孩或者年纪较大的未婚女子完成的——英语中表示"未婚的中老年女子"的单词 spinster 也有"纺纱工"之意。

为了增加线的强度，你可以将两根缠绕成一根双股线，而且重要的是，如果你缠的方向与这两根线最初被纺的方向相反，它们缠成的双股线就会自然而然地扣合在一起，不会散开。你可以一直重复这个合并过程，直到做出比你的手臂还粗、足以拉起成吨重量的绳子，而构成这根绳子的每一根纤维本身都非常孱弱，长不过几英寸。[1]

不过纱线最大的用途还是制造织物。现在请仔细看一眼你身上衣服的织法。衬衫的织法往往格外精细，因此你更容易看清呢绒夹克、T 恤或牛仔裤之类的耐磨裤子的编织图案。你还会注意到帘子、毯子、床单、羽绒被、沙发套或者地毯可能会用到的多种不同的图案。

1　1 英寸约为 2.54 厘米。

手纺车。粗纱通过旋转的锭翼送入，
这样它们被缠到线轴上时就会被拧成纱线

织布机。综线提起一组经纱，让纬纱从空隙中穿过

　　我们现在不去探讨具体的图案，但是应当交代清楚的一点是，任何布匹或者织物都是由两套互成直角的丝线相互交织而成的。第一套叫作经纱，是织物的主要构成部分。因此，相对于穿过平行经纱并将其约束在一起的纬纱，经纱必须更加强韧——可考虑双股线或者四股线。

　　编织是在织布机上操作的，任何织布机的关键功能都是把经纱拉成绷直的平行线，然后抬升或者放低这些经纱中的不同分组，让一条纬纱从分组中间穿过。最原始的织布机仅仅由两根竿子构成——一根拴在树上，另一根固定在地上——经纱在两根竿子之间被绷直，不过有些更加复杂的织布机是用水平框架来支撑经纱的。

　　安设织布机时，要沿着其长度方向，将一根连续的双股线来回扯直，形成一个由平行的经纱构成的严整栅格。织布机的关键部件是综丝，该部件让你能够通过抬高或者放低一组经纱来将它们与另一组分离开（我们将很快探讨其中细节）。两组经纱被分开之后，纬纱从二者之间的空隙，或者说梭口中穿过，接下来被抬起的经纱更换成另一组，纬纱再被反向拉过梭口，如此一行行地生成织物的网格。

　　变化经纱组被抬起的次序可以改变纬纱的交织模式，带给织物不同的风格。最基本的模式是平织，纬纱每经过一根经纱便与其交换一次上下位置关系，如此交织成一张均匀的网格：这是亚麻布的标准织法。用于实现这种织法的综丝的一个灵巧设计是，一根长板上带有一排交替的窄槽和孔，每个窄槽和孔穿过一根经纱。当这个

食物和服装

穿线方式固定的综丝被抬起或放低时，只有穿过孔的经纱才会随之移动，而那些穿过窄槽的则不受综丝运动的影响，使纬纱能够依次交替着经过经纱的下方和上方。

更加复杂的编织模式需要比刚性板更加复杂的综丝。一种用途非常广泛的系统是，一排绳索悬吊在一根水平轴上，每一根都在同一高度上挂着一个环结或者金属眼孔综丝，所以只有那些穿过综丝的经纱才会在轴抬起时被提升。每一组经纱由其自己的可抬起轴控制，编织模式越复杂，就需要越多操作综丝的独立轴才足以控制经纱运动的次序。比如在斜纹织法中，纬纱一次经过数根经纱（叫作浮线），每行浮线互相交错，形成斜纹图案。由于经纬纱互相浮越造成交织次数减少，所以斜纹织物更加柔软舒适，但这也能使纱线被更加紧密地压在一起，使织物更耐穿。比如牛仔布是一种3/1斜纹布，经纬纱浮越三根再穿过一根。

别管你的衣服是用皮革还是织物缝制的，下一个问题是如何将它们牢固地附着在你的身体上。拉链和搭扣太过复杂，重启中的文明不可能制造出来。除去它们之外，你能够用来轻易地紧固及解开衣服的选项就不太多了。最佳的低技术方案是所有古代或者古典文明都不曾想到的，而如今这种方案无处不在。令人震惊的是，小小的纽扣直到14世纪中期才在欧洲成为寻常之物。事实上，东方文明从来没有发明出纽扣。在16世纪，第一次见到葡萄牙商人身上的纽扣时，日本人表现得欣喜若狂。尽管在设计上很简单，纽扣却赋予了人们改进衣服设计的能力。有了容易制造而且可逆的紧固手段，衣服不必非要被做得宽松且不定型，方便能够被拉到头顶。相反，它们可以被穿在身上，然后在身体前方用纽扣系紧，所以能够被设计得更加贴身而舒适：这是一次真正的时装革命。

随着重启的进行，一旦后末日时代的人口开始增长，压力会越来越大，人们会开始把织物的制造所涉及的重复而耗时的过程自动化，尽可能地提高生产率并降低需要的劳动力的。然而你会发现，不管是不同阶段——梳理、纺纱和织布——的自动化，还是机械力的应用，难度都要比磨谷成粉或者击木成浆等其他生产活动大得多。织物制造所涉及的很多过程都非常精细，适于手指的敏捷运动，如纺出连续不断的纱线，而其他过程（如织布）则需要精准无误地控制一系列复杂运动发生的时间。所有这些简单机械都无法复制得令人满意。

对于我所描述的最基本的织布机，一项重要的进步是飞梭的发明。在梭口里传送纬纱最简单的方法是在织布机两端的双手之间来回交递线轴。但这是个缓慢的动作，而且把织物的宽度限制在了你的双臂能够舒适地伸到的范围。飞梭是把线轴包裹在一个沉重的舟形滑块里，滑块由绳索沿着一条光滑的滑轨在织布机两侧之间来回拉动，一边穿越织布机一边吐出纬纱。这项创新不仅使织工可以在更大的经线列幅上工作，还极大地加速了织造过程，使织布机可以改为由水车、蒸汽机或者电动机驱动，实现完全的机械化，让一名织工可以同时照看很多台机器。早期的动力织布机可以每秒钟完成1根纬纱，而现代机器传送纬线的速度超过了每小时100千米。

食物和服装

　　和为你自己准备食物和衣物一样，另外一项当务之急是恢复支撑文明所必需的所有天然及人工物质材料的供应。在这方面，后末日时代幸存者的目标也是学会自己生产，而不是从我们这个社会的残骸中收集。所以接下来，我们要看一下如何从零开始，重启化学工业。

物资

"在那里筑巢的鸟儿啾鸣阵阵，还有远处的海洋冲刷在锈蚀的汽车零件和破砖碎瓦构成的伪造礁石上，听起来几乎就像是假日里的车来车往。"

——玛格丽特·阿特伍德，《羚羊与秧鸡》(2003)

化学在当今社会遭受了相当严重的污蔑。我们不断被告知，因为不含人工化学成分，某种食物是健康的，我甚至见到过声称"无化学成分"的瓶装水。然而事实是，纯水本身就是一种化学物质，一如构成我们身体的一切。甚至在人类开始定居生活、美索不达米亚出现第一批城市之前，我们的生活就已经依赖对天然化学物质的有意识提取、加工和开发。随着时间的推移，我们学会了转化不同物质的新方法，并且利用这些方法将周围环境中最易获取的物质转变为我们最需要的，制造出我们的文明赖以建立的原材料。我们这个物种的成功不仅是因为我们掌握了农业和动物驯养，或者应用了节省劳力的工具和机械系统，还由于我们能够熟练地供应品质合乎要求的物质和材料。

不同类型的化合物就像木匠的工具包，每一种都适于执行某项特定的任务，我们利用它们将原材料转化为我们需要的产品，正如为各种特定工作打造不同的工具。我们将会看到，长链状的碳水化合物既是很好的能量储备，又因为憎水的性质而成为关键的抗风雨材料。我们将列举出用于提取和提纯的不同溶剂，并探讨碱以及在化学上与之对应的酸，在历史上是如何被应用于多种重要操作的。我们将了解到，一些化学物质如何能够通过夺走氧而还原其他物质——制造纯金属的基本能力——而另外一些被称为氧化剂的物质则有着与此相反的作用——比如加速燃烧。在本书之后的章节中，我们将探讨如何使用化学方法产生电力、为摄影捕捉光线，以及猛烈释放用于爆破的大股能量。

在这里我将关注一些立刻就能用到的物质和加工方法，也就是整个化学工业中很小的一个子集。完整的化学是一张巨大的网络，交织其间的是不同化合物之间的关联、可能的变化和转换。在重新探索这一领域很多特点的过程中，后末日时代的人们将有很多功课要补：寻找最高效的方法、重新发现反应物的理想比例、确定正确的化学方程式和分子结构。

提供热能

随着时间的流逝，人类控制和指挥燃烧，也就是驾驭火的技艺越来越精湛。文明的很多基本功能都依赖热量驱动的化学或物理变化：熔炼、锻造及铸造金属；制作玻璃；精炼食盐；制作肥皂；烧制石灰；烤制砖、瓦片和陶瓷水管；漂白织物；烘烤面包；酿造啤酒和提纯酒精，以及驱动我们将在后面章节中介绍的索尔维制碱法和哈珀制氨法。内燃机活塞内爆发的阵阵烈焰驱动着我们的各式车辆。每次在家里打开电灯开关时，你很可能也是在使用火，尽管这个火是被约束在某个遥远的地方，其能量被提取、转化，然后通过电线送到了你的电灯泡里。对于火，我们这个现代技术文明的依赖程度丝毫不亚于最古老的人类定居点里的，我们那些围着炉膛做饭的祖先。

今天，我们需要的大部分热能都是直接或间接（通过电力）来自化石燃料的燃烧：石油、煤炭或者天然气。事实上，让工业革命得以发生的主要技术之一就是将煤炭做成焦炭，并将此燃料应用于上述很多生产过程，尤其是熔铁炼钢。自那时以来，我们的文明进程获得动力的方式便不再可持续，也就是消耗多少便再生多少，而是开始靠掠夺化石燃料的沉积物——积累了亿万年的变性植物残骸中蕴含的能量。

被灾难打回到原始状态的社会可能会发现，一旦加油站或者储气站的储备用光了，对热能的需求就会变得很难满足。大部分易于获取的高品质化石燃料储量都已经被开采光了：漫长岁月里慢慢积累的丰饶储备，唾手可得、让我们的第一次文明之路走得轻松而怡然的能量之源，如今已经消失不见。浅井已经打不出石油，采煤工也不得不往地下挖得越来越深，而这需要复杂的排水、通风和防垮塌支撑技术。[1] 全世界剩余的煤炭储量确实仍然巨大：美国、俄罗斯和中国都是产煤大国，但是大部分容易开采的煤炭都已经被开采光了。某些后末日时代的幸存者可能会幸运地发现自己附近就有可以露天开采的表层煤矿，但是即便如此，从头开始的文明还是必须走上一条绿色的重启之路。

我们在"世界的终结"一章中已经讲过，在灾难发生后的最初几十年里，森林会轻而易举地重新占据乡村乃至被废弃的城市。复原中的小规模幸存者群体应该不会缺少木材，尤其是如果他们管理着速生树木林的话。白蜡树和柳树被砍倒之后，会在树桩上再次抽芽，5~10年之内便可以再次供柴，因此1公顷有人管理的树林平均每年可以提供5~10吨木头。木材很适合用于家庭供暖的壁炉，但是若要在漫长的复原过程中实现切合实际的应用，你需要一种火焰温度比木头高很多的燃料。这使得一种古老技艺的复兴成为必需：制作木炭。

在约束通风、限制氧气接触的情况下，燃烧的木头不会被燃透而会碳化。易挥发成分，如水和其他容易变成气体的小而轻的分子被驱出木头，而构成木材的复杂成分被热量分解——木头被热解——留下几乎由纯碳构成的黑色团块。木炭燃烧时的火焰温度远

1　经济学家通过计算能量投入产出比（EROEI）来评价燃料储备的质量。这个指标能够告诉你，相对于开采、精炼和处理时投入的所有能量，从特定矿藏中能够获得的可用能量有多少。比如说，20世纪初美国得克萨斯州第一批得到商业利用的油田非常容易开采，EROEI分值大约为100——生产出的能源比提取时消耗的多100倍。如今，随着供给的萎缩，抽取（包括难以实施的海底钻探设备）和处理剩下的储量需要付出越来越多的努力——EROEI已经降到了10左右。

高于用来生成它的木头——因为它已经失去了所有水分，仅仅留下了碳燃料，而且由于失去了大约一半的初始重量，它也远比木头更加紧致和易于运输。

用于木头无氧转化的传统方法——烧炭工的专业技能——是把木材堆成一堆，中间留一个开放的竖井，然后把整个堆用黏土或者草皮覆盖。从顶部的空洞点燃，然后小心监控并照料闷烧的木材堆数日。你可以用更加简单的方法得到差不多的结果：挖一条大沟，填入木材并燃起烈火，然后用收集来的波纹钢片覆盖并在上面堆上泥土以隔绝氧气，等待闷烧完成并冷却。在重启关键性工业的过程中，如陶瓷、砖、玻璃和金属的制造，木炭将被证明是一种必不可少的清洁燃料。如果你真的发现自己位于有可开采煤田的地区，煤炭将再次成为一种无法抗拒的热能来源。1吨煤提供的热能相当于1英亩矮林地1年产出的木材。煤炭的问题在于它燃烧时的温度不如木炭高，而且非常脏——煤烟有可能会污染利用它的热量所制造的产品，如面包或者玻璃，而且硫杂质会把钢变得易碎而难于锻造。[1]使用煤炭的技巧是先将其转化为焦炭：采用与制作木炭一样的方法。煤炭在烤炉中隔绝氧气接受烘烤，去除杂质和挥发性物质。这些挥发性物质和木材干馏（见

1　因此，从很多方面来看，木炭是一种比煤炭更高级的燃料，绝不是仅仅出现在历史书中。比如享有丰富的木材资源但是煤矿较少的巴西——在后末日世界，由于森林的恢复增长，幸存者可能会广泛地面临这种情形——是世界上最大的木炭生产国。该国生产的木炭有一些在鼓风炉中用于制造生铁，生铁继而出口到美国和其他国家，随后制成生产汽车和厨房用品的钢。这些木炭大部分源自有人管理的林地，因此为实现"绿色钢"的生产提供了条件。

第 120 页）的产品一样，本身有着多种用途，应该得到凝聚和收集。

燃烧还能提供光亮。当恢复中的社会还在重建电网以及重新发明灯泡时，幸存者将不得不依靠油灯和蜡烛。[1] 由于其化学特性，植物油和动物脂肪格外适合被用作可控燃烧的密集能源。这些化合物的主要特征是长长的碳水化合物链：碳原子连接成长链条，氢原子附着在侧面，像短粗的毛虫腿一样点缀着长链的侧肋。不同原子之间的化学键中蕴含着能量，因此长长的碳水化合物就是有待释放的密集能量储备。在燃烧过程中，这种大型化合物被扯碎，所有的原子都和氧结合：氢和氧结合成水，碳骨架的碎片则以二氧化碳的形式排放出去。氧化过程中，臃肿的长分子迅速分解释放出一股能量流——蜡烛火焰的温暖光辉。

油灯可以简单地采用一个带小喷嘴的黏土碗，或者甚至是一个大贝壳。亚麻或者灯芯草等植物纤维做成的灯芯把液体燃料从储液池中吸上来，燃料被火焰的热度蒸发后燃烧。自 19 世纪 50 年代以来，煤油就是用于玻璃灯的一种常见液体燃料（今天它还驱动着喷气式客机翱翔云端），但它是用原油分馏而来的，现代技术文明崩溃以后将难以制造。不过任何液态油脂都可以满足需要：菜籽油或者

1　如今，我们把防风灯和蜡烛看作备用技术，作为可靠而易于维护的备份保存起来，以防更加先进的技术失效。但是原始技术还能够提供仪式感，如葬礼上的马车或浪漫晚餐中的烛光。从这个意义上来说，一些旧的技术永远不会真正过时：它们继续存在，但是其主要功能已经发生了变化。对幸存者来说，这些途径在灾难之后能够提供可靠的可依赖选项。

橄榄油，甚至黄油澄清后形成的酥油。

蜡烛可以没有容器，因为燃料本身在被近旁的火焰融成小摊液体之前会保持着坚硬的状态——因此，蜡烛无非是一段圆柱体的固体燃料，一根烛芯从中心一插到底。随着蜡烛越烧越短，露出的烛芯越来越长，除非你定时修剪烛芯，火焰会变大，而且释放出更浓重的烟。一种让人免于这种麻烦的创新直到1825年才有人想出来：将烛芯的纤维变成扁条，那样它自然就会卷曲，多余的部分会被火焰烧掉。

现代蜡烛是用来自原油的石蜡制造的，而蜂蜡总是数量有限，但是你可以用熬炼过的动物脂肪制造出完全能用的蜡烛。在盐水中煮碎肉，然后刮去凝结并漂浮在表面的油脂层。猪油做出的蜡烛气味难闻、烟气浓重，但是牛油和羊油蜡烛还说得过去。把熔化的动物脂肪倒进模子，或者只是把烛芯浸入热脂肪，让油脂围裹在烛芯上，然后冷却定型。重复这样的操作，一层层地追加油脂，直到做成真正的蜡烛。

石灰

恢复中的后末日时代社会需要开始挖掘和处理的第一种物质是碳酸钙，因为对任何文明的基本运作而言，它的很多功能都至关重要。这种简单的化合物及其易于制造的衍生物，可以用来恢复农业生产力、保持卫生、净化饮用水、提炼金属和制造玻璃。它还是一种重要的建筑材料，是重启化学工业时的重要试剂。

珊瑚、贝壳以及白垩都是非常纯的碳酸钙来源。事实上，白垩也是一种生物岩石——英国多弗尔的白垩悬崖本质上就是古代海床上的贝壳被紧密挤压成的一百米厚平板。但是分布最广泛的碳酸钙来源是石灰石。幸运的是，石灰石相对较软，使用锤子、凿子和镐，不费多大力气就能从采石面上破解下来。或者可以把回收来的机动车钢制车轴的一端打造成尖状，然后用作撞钻不停捣入岩面，打出成排的洞。往这些洞里夯入木塞并保持其湿润，它们就会膨胀并最终在岩石上形成裂缝。不过很快你就会希望重新发明炸药，用爆炸的力量来替代这种让人筋疲力尽的劳动。

碳酸钙本身被定期用作"农业石灰"来保持土地状况，最大限度提高其作物生产力。把压碎的白垩或石灰石撒入酸性土壤，把 pH 值推回到中性。酸性土壤会降低我们在"农业"一章中探讨过的关键植物营养的含量，尤其是磷，让你的庄稼挨饿。在田地里撒石灰有助于增强你施加的任何粪肥或者化学肥料的效果。

不过，特别能够满足文明的多种需求的，是石灰石加热时会经历的化学变化。如果碳酸钙在足够热的炉中被烘烤——至少要达到 900℃——这种矿物就会分解成氧化钙，并释放出二氧化碳气体。这通常被称作锻石灰或者生石灰。生石灰是一种强碱性物质，被用于填埋坟墓——这种功能在灾难之后可能会很有必要——来防止疾病扩散及控制恶臭。另一种多用途的物质是用锻石灰加水小心反应生成的。英语中表示"生石灰"的单词"quicklime"来自古英语单词"cwic"，意思是"活泼的"或者"有生气的"，因为生石灰与水的反应相当剧烈，释放的热量足以把水烧开，看起来就像活物一样。从化学的角度来讲，氧化钙把水分子撕成两半，生成氢氧化钙，又叫熟石灰或者消石灰。

熟石灰具有强碱性和腐蚀性，用途很广泛。如果你想用纯白色涂料在炎热气候中保持建筑物的凉爽，将熟石灰与白垩混合起来便可以配成白色涂料。熟石灰还可以用来处理废水，将悬浮的小颗粒结合成沉淀物，留下清水以备进一步的处理。它还是一种重要的建筑材料，我们在下一章中将会介绍。完全可以这么说：没有熟石灰，就不会有我们所熟知的城镇。不过首先要考虑的是，你到底应该如何做才能把石头变成生石灰？

现代石灰厂使用带燃油加热喷嘴的旋转钢桶焙烤生石灰，但是在后末日时代，你只能采用更加原始的方法。如果你真的要从头开始，你可以在一个坑里烧一大堆柴火，在火堆中间烧石灰石，将产生的小批生石灰碾碎并加水生成熟石灰，利用它拌出砂浆，修建更加高效的砖衬烧窑，以便更有效率地生产石灰。

烧制石灰的最佳低技术方案是混合给料竖窑，其本质就是一个高大的烟囱，里面交替堆放着燃料层和有待煅烧的石灰石层。这种竖窑往往修建在陡坡旁，一是为了获得结构上的支撑，二是为了更加保温。石灰石在竖井里沉降的过程中，首先被上升的干热空气预热并干燥，其次在燃烧区被烧成石灰，最后在底部冷却。沉降下来的生石灰可以从出料口中掏出来。随着燃料被烧成灰烬、生石灰从底部被取出，你可以从顶部加入更多层的燃料和石灰石，让竖窑没有期限地一直烧下去。

熟化生石灰需要浅水池，你可以使用回收来的浴缸。诀窍在于不断加生石灰和水，使混合物一直保持在接近沸点的温度，利用释放的热量确保反应迅速进行。产生的精细颗粒会先把池水变成牛奶状，然后沉淀，并因为吸水而成为胶状。放干石灰水之后，你就会得到黏稠如泥的熟石灰团。我们将在"高等化学"一章中探讨石灰水如何用来制造火药，不过在这里我们只介绍熟石灰的一项格外有用的应用：制造化学武器来对抗四处劫掠的微生物群落。

肥皂

利用你周围大自然中存在的基本材料，肥皂可以很容易地被制造出来，而且将成为阻止可预防疾病再次肆虐的必备物资。在发展中国家开展的健康教育研究证实，几乎一半的肠胃和呼吸系统感染都可以通过经常洗手而得到预防。

油和脂肪是所有肥皂的原材料。所以说，有点讽刺的是，如果你在做早餐时不小心把猪肉的油脂溅到了衬衫上，你用来清洗它的物质本身也是用猪油做出来的。肥皂能够去除你衣服上的油渍，洗净你皮肤上布满细菌的油腻，是因为它与脂肪成分和水都能很好地结合，但是这两者之间并不相溶。只有特殊类型的分子才会表现出这种交际花式的行为：长长的碳氢化合物尾巴与脂肪或油类混合，带电的头部则能很好地溶于水中。脂肪或者油类分子本身是由 3 个名为"脂肪酸"的碳氢链附着到一个连接块上。制作肥皂的关键步骤是把连接 3 个脂肪酸的化学键打断,叫作皂化反应。所有可被归为碱的化学物质都能做到这一点,也就是"水解"连接键。碱是酸的对立物,二者相遇时就会相互中和,生成水和盐。比如食盐氯化钠就是氢氧化钠和氢氯酸中和形成的。

所以要想制造肥皂,你需要通过用碱水解猪油来生成一种脂肪酸盐。虽然油和水确实不会相溶,这种脂肪酸盐却可以把它长长的碳氢化合物尾巴嵌入油中,而头部则伸出来溶解在周围的水里。覆上一层长分子"毛发"的油类液滴被稳固在排斥它的水当中,所以油脂可以被带离皮肤或者纤维,然后被冲掉。在我的浴室里,那瓶"恢复活力、焕发青春、补充水分、深层清洁、海洋精华"男士沐浴露列出了接近 30 种成分,但是除了发泡剂、稳定剂、防腐剂、凝胶和增稠剂、香精和色素,活性成分依然是与肥皂类似的温和表面活性剂,其原材料是椰油、橄榄油、棕榈油或者蓖麻油。

因此,一个紧迫的问题是,在没有了试剂供货商的后末日世界里,到哪里去得到碱。好消息是,幸存者可以再次求助一种古代化学提取技术和看上去最不可能的原料:灰烬。

木材燃烧后的干燥残渣几乎全部由无法燃烧的矿物成分构成,它苍白的颜色也由此而来。重启原始化学工业的第一步简单得令人陶醉:把这些灰烬投入一罐水中。未燃尽的黑色炭渣会漂浮在水面上,木头中的很多矿物质不溶于水,因此会沉淀在罐底。然而那些确实会溶解在水中的矿物质才正是你想要提取的。

撇清并抛掉漂浮的炭渣，把水溶液倒入另一个容器，要留心把不溶于水的沉淀留下。在新容器中蒸干水分，或者如果你生活在炎热地区，把溶液倒入一个大口浅盘，让它被太阳的温暖晒干。你会看到剩下的物质是白色的晶体残渣，看上去像盐或者白糖，其名字叫作草碱（事实上，金属钾在英文中的化学名"potassium"，正是源自草碱这种物质的俗称"potash"）。至关重要的一点是，你只能从自然燃尽而且不曾浸水或者遭受雨淋的木柴灰烬中提取草碱。否则的话，我们感兴趣的这种可溶矿物质就已经被冲走了。

白色的晶体其实是多种化合物的混合，但是木头灰烬的主要成分是碳酸钾。如果你燃烧一堆干海带，然后执行同样的提取过程，得到的将是纯碱，或者说碳酸钠。在苏格兰和爱尔兰的西海岸，收集和燃烧海带曾经是当地许几个世纪以来的主要产业。用海带还能生产一种深紫色的元素碘，你会发现它在伤口消毒和显像化学方面非常有用，我们还会探讨这种元素。

按照上述的过程，你可以从每千克被焚烧的木头或者海带中提取大约 1 克碳酸钾或者碳酸钠——产出率只有大约 0.1%。但是草碱和纯碱用处太大了，完全值得付出努力去提取和提纯，而且记住——你可以先将火的热量用于其他用途。木头能够成为这些成分的现成仓库，是因为树木的根系会在几十年的时间里，从大量土壤里吸收水和溶解在其中的矿物质，而这些矿物质能够用火来凝缩出来。

草碱和纯碱都是碱，事实上，英语单词"alkali"（碱）正是源自阿拉伯语单词"al-qalīy"，意为某种植物燃烧后的灰烬。如果现在把这种提取物放进一桶沸腾的油或脂肪中，你就能皂化它，制造出用来清洁的肥皂。只需要像猪油和灰烬这样的基本物质，以及一点点化学知识，你就能保持后末日世界的清洁以及对瘟疫的抵抗力。

如果你使用一种碱性更强的溶液——碱液，水解反应会更加强烈。这里我们要再次提到熟石灰氢氧化钙。

不要将熟石灰本身用于皂化，因为钙肥皂不溶于水，会在水面上形成浮渣而不是可爱的肥皂泡。但是氢氧化钙可以和草碱或者苏打发生反应，氢氧离子会变换与之配对的离子，生成氢氧化钾或者氢氧化钠，也就是苛性钾或者火碱，二者的溶液都叫作碱液。火碱是强碱（它会轻而易举地皂化你皮肤里的油脂，生成人体肥皂，所以处理时务必极为小心），所以非常适用这一关键的皂化过程，从而制造出一块块钠皂。[1]

另一种非常容易制造的碱是氨。人体和所有哺乳动物的身体一样，通过名为尿素的水溶性物质排出多余的氮，再通过尿液排出尿素。某些特定细菌的生长会把尿素转化为氨——其独特的臭味你应该已经在清洁工作不到位的公共厕所里闻得够多了——因此，氨这种重要的碱可以通过非常低技术的手段制造：发酵成罐的尿。在历史上，在用靛蓝染料把衣服染成蓝色（传统牛仔裤上的那种蓝色）的

---

[1] 警告：绝不要使用铝制器皿制作肥皂。铝会和强碱产生剧烈反应，释放出可爆炸的氢气。

过程中，这曾经是非常关键的步骤。我们将在后面探讨氨的多种用途。

脂肪分子的皂化还能带给你另一种有用的副产品。作为连接块固定着 3 个脂肪酸尾巴的脂质的化学成分是甘油，在猪油被做成肥皂之后就被留下了。甘油本身也极为有用，可以很容易地从泛着泡沫的肥皂水中提取出来。肥皂本身的脂肪酸盐成分在盐水中的溶解度低于在清水中的溶解度，因此加盐会使其变成固体颗粒沉淀下去，留下甘油继续溶在水中。甘油是制造塑料和炸药的关键原材料（我们将在"高等化学"一章中介绍）。

将动物脂肪制成肥皂的水解反应也被用来制作胶水。它的原料是熬煮的皮肤、肌腱、角或蹄：任何含有由胶原蛋白构成的坚韧连接性组织的部位，而胶原蛋白会降解成为明胶。明胶能溶于水，因此可以做成黏糊糊但是风干后坚硬牢靠的糊糊。必要的胶原蛋白水解反应在强碱性——碱水的另一个应用——或者强酸性（我们将很快介绍）条件下会进行得更快。

木材干馏

木头可以向我们提供的远不止木炭燃料或者灰烬中的碱。事实上，木头一度是有机化合物的主要来源——为很多处理过程和活动提供化学进料和前体物——直到 19 世纪晚期才被煤焦油以及后来发展出的石油化工产品所取代。因此，在后末日时代的世界里，在你很可能得不到煤炭或者持续的石油供应的情况下，这些更加古老的技术将为化学工业的重启提供支持。

　　木炭制作的要点就是把木头中的杂质驱逐出去，留下几乎由纯碳构成的高温燃烧燃料，但是这些废物其实也非常有用。通过对木炭生产工艺稍加改良，逃逸的蒸气也可以得到收集。在 17 世纪后半期，化学家们已经注意到，在密闭容器中炙烤木头会释放出可燃气体，以及能够被冷凝成水样液体的蒸气。这些产品后来得名焦木物（其英文名称"pyroligneous"，是用希腊文中的"火"和拉丁文中的"木头"合成的），是很多化合物的复杂混合体。在理想情况下，恢复中的社会可以直接跳跃到这样一种加工工艺：在一个密封金属容器中烘焙木头，用一根侧管引走释放出的烟气，侧管在冷水桶中盘旋以冷却和凝结蒸气。释放出的气体不会凝结，所以可以用作烘焙木头的容器下方炉具的燃料。我们将在"交通"一章中介绍，这些木材干馏而得的气体甚至可以为车辆提供燃料。

　　收集到的冷凝物很容易被分成水样溶液和浓稠的焦油状残渣，二者都是复杂的混合物，可以用前文介绍过的分馏方法分开。水样的部分原来被称为木醋酸，主要由乙酸、丙酮和甲醇构成。

　　乙酸可被用于泡制食物：前文提到过，醋本质上就是乙酸的稀溶液。它与碱金属化合物反应，生成多种有用的盐。比如，它和纯碱或者火碱反应生成乙酸钠，可用作酸洗剂修复布料的染色。乙酸铜能够杀灭真菌，从古时起便是绘画用的蓝绿色颜料。

　　丙酮是一种良好的溶剂，因此被用作涂料的基料——它是指甲油独特香气的由来——以及去污剂。它在塑料的生产中也很重要，还可以被用来制作无烟火药。在第一次世界大战中，无烟火药曾是子弹和炮弹的推进炸药。事实上，曾经有一段时间，英国担心会因为丙酮的严重短缺而输掉战争。对丙酮的巨大需求远远超过了木材干馏的生产能力，哪怕从美国等木材资源丰富的国家进口这种溶剂也仍然满足不了。一项新技术的发明保障了产量。该技术利用一种细菌在发酵过程中分泌丙酮，原料则是学生收集来的巨量板栗。

通过干馏木头，我们可以生产出大量原本被称为木精的甲醇：每吨木材能够生产大约 10 升。甲醇是最简单的醇类分子：仅仅含有 1 个碳原子，而乙醇或者说食用酒精拥有 2 个碳原子构成的骨架。甲醇可以被用作燃料或者溶剂，具有防冻的功能，在合成生物柴油时作用非常关键，对此我们将在"交通"一章中再次探讨。

木头被烘烤时渗出的原焦油，也可以通过分馏将其主要成分一一分离：稀薄的松节油液体（漂浮在水面上）、浓稠的木馏油（沉在水底）以及黑色黏稠的柏油。松节油是一种重要的溶剂，在历史上被用于制作颜料，我们将在"通信"一章中再来介绍。木馏油是很好的防腐剂，涂在木头表面或者浸入木质内可以防止其被风雨侵蚀或者腐烂。它还是一种消毒剂，抑制细菌生长，保护肉类：熏肉和熏鱼的独特风味便由它而来。柏油是提取物中最黏稠的，是由很多种长链分子构成的黏腻混合物。可燃的性质使它很适合浸入木棒中制作火把。这种滞黏的物质还能防水，可用于密封桶。它还曾在几千年的时间里用来封堵船帮木板之间的接缝。

任何树的木材经过干馏，都能以各自不同的产量产出这些重要的化学物质，但是树脂质的硬木，如松树、云杉、冷杉等针叶树会产生更多的柏油。桦树皮是格外优良的柏油来源，自石器时代以来就被用于把箭羽粘在箭上。事实上，如果你寻求的只是柏油，可以在将含树脂木材放在烧窑中烘烤，甚或是简单地放在锡盒中用火烧灸时，随时收集从中渗出的柏油。

分馏是一种分离混合液体的通用技术，其原理是不同液体各自有其特定的沸点。如果能够尽早掌握这一技术，恢复中的社会将受益匪浅。分馏能够分离木材热解出的不同产品，也能从发酵液体中提取出浓缩的酒精，这两项应用是我们已经介绍过的，它还能够把原油分解成多种人们需要的成分，从浓稠的沥青到汽油等轻质可燃液体。一旦工业水平达到了某个程度，就连空气本身也是可以被分馏的。通过重复的膨胀和冷却，空气被冷却到大约零下 200℃，并存放在真空绝缘舱中——就像是徒步旅行时用来携带茶的保温桶的巨型版本。然后液态空气被加热，每一种气体沸腾而出的时候都被收集起来，这样得到的纯氧就可以用于医院的呼吸面罩。

酸

到目前为止，我们主要关注了碱，因为几种强碱的制造都相对比较容易。碱的化学对应物酸在自然界中同样普遍，但是强酸的制备要比碱液困难，在历史上到了较晚的时期才得到显著的应用。我们已经探讨过，多种植物产品如何能够通过发酵产生酒精，而乙醇在暴露于空气中时又会被氧化而生成醋。乙酸是人们得到的第一种酸，而且在历史上的绝大多数阶段，它是我们唯一的选项。文明社会有多种碱可供选择：草碱、纯碱、熟石灰、氨，然而几千年来，我们在化学上的造诣却受限于只有一种弱酸可以被大量制取这一现实。

人类利用的第二种酸是硫酸。它最早是从被称为矾的玻璃状稀有矿物中被烘烤出来的，后来通过在充满蒸汽的铅衬箱子中燃烧纯硫黄和硝酸钠而得到大量生产。今天我们制造的硫酸是石油和天然气去硫处理的副产品。所以在后末日时代的世界里你可能会左右为难：无法用传统方法制造这种重要的强酸，因为地表火山堆积物里的硫元素早已被取用一空，而在没有特定触媒的情况下，又无法采用更加先进的技术。

诀窍是采取在我们的发展历程中从来没有被工业化应用的化学途径。二氧化硫气体可以从普通的硫化矿石中被烘烤出来（硫化铁矿——黄铁矿——有着愚人金的恶名，此外硫化矿还包括铅和锡的矿石），然后以活性炭（碳的一种极其多孔的形态）为触媒与氯气反应——氯气可以通过电解盐水的方式得到（见第 230 页）——得到的产品是一种叫作硫酰氯的液体，可以通过蒸馏的方法浓缩。这种化合物在水中会分解，形成硫酸和氯化氢气体——氯化氢本身也应该收集起来，溶解在更多水里制成氢氯酸。幸运的是，还有一个简单的化学试验来检验一块岩石是不是硫化矿（金属的硫化物）：将一点稀酸滴到岩石上，如果它冒泡并释放出臭鸡蛋的气味，那么它便是你要寻找的东西（不过硫化氢气体是有毒的，不要闻得太多）。

今天，硫酸是产量最大的化合物——它是现代化学工业的关键，对于加速重启也会至关重要。硫酸如此重要是因为它能良好地完成多种不同的化学功能。它不仅是一种强酸，还是强脱水剂和强氧化剂。当今大部分被合成的硫酸都被用来生产人工肥料：它溶解磷酸盐矿（或者骨头），释放出重要的植物营养磷。但是它的用途实际上几乎是无限的：制备鞣酸铁墨水、漂白棉花和亚麻、制作洗涤剂、清洁和预处理铁和钢的表面以备进一步加工、制造润滑剂和合成纤维，以及用作电池酸液。

一旦你重新掌握了制造硫酸的方法，它将成为制造其他酸的途径。氢氯酸是用硫酸和普通食盐（氯化钠）反应得到的，硝酸则是硫酸和硝酸钠反应得来的。硝酸因其强氧化性而格外有用：它能氧化硫酸不能氧化的物质。这使得硝酸在制造炸药和制备照相用的银化合物时具备无法估量的价值——我们还会探讨这两个重要加工过程。

材料

　　"在这个大陆上曾有过一个比我们当今更加先进的文明——这是无法否认的。看一下瓦砾和腐朽的金属，你就能意识到这一点。你可以在褐色的沙子下面挖出一条沟壑，找到他们破败的道路。但是你们历史学家声称他们拥有的那些机器的证据在哪里？能自己行走的车或者飞行机器的残骸在哪里？"

　　　　　　　　——小沃尔特·M. 米勒，《莱博维茨的赞歌》（1960）

　　通过上一章的介绍，我们已经认识到，木头的用途无论怎么说都不过分。除了在化学方面的潜力，木材还是最古老的建筑材料之一，为建筑物提供了梁、厚板和柱。具备各种性质的不同树木可以产生一系列应用，在这方面有大量的知识有待于起步中的文明去重新发现和积累。比如说，榆木互相勾连的坚韧纤维能够抗拒撕裂，所以是理想的车轮材料。黑胡桃木格外坚硬，适于做风车和水车动力机械的轮齿。松树和云杉长得格外高和直，因此很适合做船只的桅杆。

　　除了这些机械方面的性质，柴火可以在中央供热系统失效之后抵御严寒，可以为你做熟食物，消除其中的微生物污染，帮助释放营养。上一章介绍了如何在厌氧条件下烘烤木材，生产出一系列重要物质并收集其蒸气——这些物质将成为重启化学工业的原材料。我们还介绍了，等到自来水流尽，瓶装水也从超级市场的货架上消失后，木头制成的木炭是过滤饮用水的理想材料。木头还为烧制陶瓷和砖头的烧窑提供了高温燃烧的燃料，此外还可用于制作玻璃和熔炼钢铁。

灾难刚刚结束的时候，你可以占据现有的建筑物，尽你所能修修补补。但是所有无人居住和维护的建筑都会在最初几十年内无可阻挡地腐烂坍塌。当幸存者人口开始增长，需要新房屋时，你或许会发现建造新房屋要比试图修复旧文明腐朽的外壳容易得多。要想做到这一点，你需要学习基础知识。砖、玻璃、混凝土和钢是我们这个文明真正的建筑材料。但是它们全都有着最低贱的来源：肮脏的泥土、柔软的石灰石、沙和石头，我们把它们从地上掘出并用火烧制成历史上最有用的材料。我们能看出来对黏土实施上述处理是最容易的。这种材料柔软可塑，可以被塑造成各种形状，然后在烧窑中烧制成坚硬的陶器——我们根据自己的需要精心改变一种物质的性质。

黏土

在我们的现代生活中，黏土很容易被忽视——你大概只会把它与学校里的艺术课联系起来。然而事实是，文明本身的建立所需要

材料

的先决条件之所以能够实现，陶器起到了关键的作用。黏土制造出的有盖容器可以储存和保护食物，免遭害虫野兽的侵扰，使烹饪、防腐和发酵成为可能，还使其更易于在旅行和贸易中携带。黏土被做成块状并烧制成砖之后，就变成了极佳的建筑材料，造就了我们的城镇、磨坊和工厂。

黏土层分布广泛，存在于世界很多地区的表层土下面。黏土由非常精细的硅铝酸盐矿物构成——一层层分别与氧结合的铝和硅从岩石上风化而来，常常在沉积下来之前被河流或冰川运输了漫长的距离。因此，不同种类的黏土可以直接从地面上的坑里被挖掘出来，用手定型。最原始的容器可以从一个湿黏土球做起，将双手拇指从中间压进去，捋成一个圆形的碗。不过为了对这个过程有更多的控制，你需要重新开发出陶工转盘。最简单的类型就是一个可以自由旋转的盘，工作时陶工可以在转盘上把工件转成圆形。至少已经有500年历史的"现代"陶工转盘采用了旋转飞轮，如一个沉重的圆石，以便存储旋转动量，在陶工工作时保持工件的平稳旋转。飞轮的动力来自不定时的一推或者一踢，或者电机——如果你能回收到一个的话。

干黏土相对比较耐久，但是如果烧制成陶器则效果更佳。在300~800℃，水被不可逆转地驱出黏土的结构，矿物基底互相勾连但是仍具有渗透性。进一步加热到900℃以上时，黏土分子本身开始相互融合，少数的杂质熔解。这些玻璃化的成分渗透到整个工件中，冷却之后固化成玻璃状的基质，将黏土晶体紧紧融合在一起，填充掉所有空隙，形成一种坚硬而不透水的材料。有意将器物浸入这种材料，然后用高温封住表面，便是上釉的工艺。你甚至可以在烧窑中撒入一些盐：令人畏惧的热量将盐分解，钠蒸气与黏土中的硅反应，形成玻璃状的覆层（不过这个过程会释放有毒的氯气）。在历史上，这种简单的方法曾经用来对输水或者下水道系统的黏土管道进行防水处理。

烧制后的黏土不仅坚硬防水，还是一种极耐高温的"防火"材料。铝硅酸盐有着极高的熔点，而且由于其成分已经与氧结合，矿物在高温下不会燃烧。这样的耐火砖十分适于做窑和炉的衬里。为了容纳火焰，从技术上对其进行利用，你需要一种能够将热量封在内部而且本身耐高温的材料。这是恢复中的文明依靠自己的力量逐步发展的一个绝佳例证：在烈火中把黏土烧制成耐火材料，使幸存者可以建造更多的烧窑，烧制更多的砖块。文明本身的故事就是一部关于容纳和驾驭火的史诗，人类在这方面的技术愈加精湛，达到的温度也越来越高：从烹饪用的篝火，到陶器烧窑、铜器时代的熔炉、铁器时代的炼炉，乃至工业革命时代的鼓风炉——是耐火砖让这一切得以实现。

烧制后的黏土也被普遍用作一种建筑材料。在比较干燥的气候下，你可以用晒干的泥——土坯——造出简陋的墙来了事，但是这要冒着被大雨冲走的风险。更加耐用的砖则可以经过这样的步骤制造出来：取一些黏土，在模具中填成立方体形状，然后在烧窑中烘烤，以实现化学反应生成坚硬耐用的陶瓷。不过重建文明的话，你需要的不仅仅是一些黏土而已。要想建造出坚固的墙，砖必须被黏合在一起——为此我们要再次谈到石灰。

材料

石灰砂浆

在上一章中我们已经探讨过，一旦我们目前这个社会的遗物被耗尽，你需要开采的第一种矿物便是石灰石。我们已经看到，在文明需要的很多物资的合成过程中，石灰石扮演了怎样的核心角色。现在我们要看一下这种神奇的材料如何能在灾难之后成为重建的基石。石灰石块是一种有用的建筑材料，同样有用的还有石灰石在地下深层经过高温高压形成的变质岩大理石，但对于重建更具价值的，是这种石头能够被制成的东西。

熟石灰能够从易于铺展的糊状变成一种像石头一样坚硬的材料。混入一点沙和水之后，熟石灰就会形成砂浆。这种材料几千年来一直被用于牢固黏合砖块，建成坚固且可承重的墙。将它与较少的沙子混合，或者搅入一些马鬃之类的纤维材料，你就拥有了一种用来抹平墙面的灰泥。

石灰砂浆已经被使用了几千年，但是从古罗马时期，才得以大规模制造，最终改变了建筑物的性质。古罗马人注意到，将熟石灰与白榴火山灰（甚至是碎砖或碎瓷）混合在一起制成的水泥（意大利语"cementum"）凝固得远比石灰砂浆快，而且硬度高出好几倍。而有了水泥这种非常强劲的矿物胶水，你能做的远不止把一排排砖块粘到一起。你还可以把乱七八糟的石块和瓦砾结合在一起，也就是说，你可以制作混凝土。凭借这种建筑技术上的创新，古罗马人建造了圆形大剧场以及万神殿这种令人叹为观止的建筑，而后者巨大的凸起顶棚，时至今日仍然是世界上最大的单体混凝土穹顶。

　　然而，真正帮助罗马帝国成就其贸易和航海伟业的，是水泥的另一项几乎魔术般的性质：哪怕完全浸在水中，用白榴火山灰或者碎陶器制造的混凝土也能够凝固。和石灰砂浆不同，这种水泥据说是水硬的，其凝固过程是另外一条化学路径。火山灰含有氧化铝和二氧化硅——前文中这两者作为黏土的成分被我们探讨过——与熟石灰发生化学反应后可以在水合时形成一种格外坚固的材料。

　　水硬材料带来了重要的技术进步。白榴火山灰水泥在古罗马掀起了一场海洋建筑革命，因为古罗马人不再是简单地把大石块沉入水中，而是直接往海中倾倒用于独立建筑的混凝土来建造码头、防波堤、护岸和灯塔基座。这项技术使他们能够根据军事或者经济的需要，在任何地方建造港口，哪怕是北非海岸那种天然港口非常稀少的地区。由此，古罗马舰船成了地中海的主宰。

　　随着罗马帝国的陷落，这项有关坚固的水泥、多用途的混凝土和防水灰泥的重要知识几乎遗失在了历史中。中世纪没有文献提到水泥，伟大的哥特式大教堂都仅仅是用水泥砂浆制造的。然而，似乎还是有些地方保存了这些知识，因为在整个中世纪，有一些堡垒和港口都使用了水硬水泥。

　　直到 1794 年，制造现代水泥的方法才被发明出来。"普通硅酸盐水泥"并没有像古罗马的白榴火山灰水泥一样利用火山的热量，而是通过在特制的烧窑中将石灰石和黏土的混合物加热到大约 1 450 ℃制成的。由此生成的坚硬炉渣与少量柔软苍白的矿物石

材料

膏——该矿物还能用于制作烧石膏以及固定断肢——混合起来碾碎，延缓熟化过程，让你拥有更多对湿水泥作业的时间。

好吧，我知道水泥是一种无聊得要死的灰色建筑材料，曾被用来建造过很多令人憎恶的建筑。但是退一步，考虑一下它到底是一种多么非凡的物质。混凝土本质上就是一种人造岩石，而它的配方简单得不得了：一桶硅酸盐水泥和两桶沙子或沙砾以及足够的水混合成黏稠的半流体。将这种液态岩石倾倒在被制成任意你喜欢的形状的木质模具中，等待它凝固成极其坚硬和耐久的材料。不难看出，在第二次世界大战的浩劫之后，混凝土为什么能够令城市的迅速重建得以实现，乃至到了今天仍然是城市建设的首要原料——它是一种现代图腾，哪怕其基本的制造方法是两千多年前发明的。

混凝土的问题在于，尽管被压缩在地基或者柱子当中之后，它会非常坚固，但在张力下会非常脆弱。当延展的力量作用其上时，混凝土就会灾难性地崩溃，所以它不适于建造梁、桥或者多层建筑物地板等大型结构要素。解决方案是在混凝土中嵌入钢筋。两种材料的性质能够完美地互补：混凝土的抗压强度加上钢的抗张强度。这种钢筋强化混凝土是在 1853 年由一位泥水匠偶然发现的，当时他在混凝土地板凝固的过程中插入了拉直的金属铜箍。这项最终的创新，才真正地释放了混凝土助阵灾后重建的潜力。

混凝土是一种很棒的多用途建筑材料，然而你要利用耐火的陶砖才能够容纳铄石流金的高温，掌握冶金学的技能。

金属

金属具备很多其他材料没有的性质。一些金属异常坚硬和强韧，十分适合制造工具、武器或者钉子及整梁等建筑构件。但是和易碎的陶瓷不同，它们还具有可塑性——受到压力时会变形而不是碎裂，可以被拉成细丝用来捆扎、制造围栏或者导电。很多金属能够耐受很高的温度，适于制造高性能机器。

文明陷落之后，你需要尽快重新获得的，不仅有铁，还有铁和碳的合金——钢。钢是铁原子和碳原子的混合，有着二者都不具备的优点。碳的加入从根本上改变了金属的性质，而通过改变合金中碳的比例，你可以控制钢的强度和硬度，来满足不同的使用需求。

我们随后再介绍如何从零开始制造铁和钢，因为灾难刚刚过去的时候，你可以很容易地收集到这两种金属。只要你重新掌握了铁匠的传统技艺，回收来的器具就能被再利用：用开放的炉缸或者锻铁炉保持工件的红热状态，同时用锤和砧改变它的形状。人类在文明史上能够利用坚硬的铁，是因为它的物理性质在高温下会改变：它会软化，其延展性足以被敲打成人们想要的形状、被卷成板或者拉成管线。这是个基本点，因为这意味着你可以用铁工具加工铁，制造出更多的工具。

若要充分利用铁来制造工具，一项重要的知识是两个增加钢的强度的原理——淬火和回火。钢在被加热时会变硬，直至红热状态，此时其内部的铁-碳晶体结构会变成一种坚固的构造（没有磁性——

这可以在加热过程中测试）。不过如果随后缓慢冷却，这种晶体就会回到其原来的状态，因此你需要快速冷却，本质上就是要把想要的结构"冻住"：把工件浸入咝咝作响的水或者油中淬火。不过，坚硬的材料也会发脆——易碎的钢锤、剑和弹簧是没有用的——所以淬火后的工件必须再回火。回火是将其重新加热到一个较低的温度并保持一段时间，让一定比例的晶体结构松弛下来——有意用部分强度换取材料的一点柔韧性。通过回火，你调整了钢的材料性质，在设计合适的金属来执行预期任务的过程中，这个加工过程必不可少。

一项较晚才被掌握的关键技术是焊接：用熔融的金属将其他金属粘在一起。乙炔的火焰温度是所有可燃气体中最高的，在氧气流中燃烧时可超过3 200℃。分别控制加压氧气流和乙炔气体经过一个点火喷嘴，便造出了一个焊接炬。纯氧可以通过电解水制得（第230页），或者在重启过程的后期，通过分馏液态空气获取（第121页）。乙炔是在水与碳化钙团块的反应中释放的，碳化钙则是在烧窑中加热生石灰与木炭（或焦炭）制得的：这两种物质我们已经介绍过。除了能用来焊接，氧乙炔焰还可以用作金属切割炬——一道氧气射流，沿着整齐的线条燃烧炽热的金属。

电弧焊机甚至能够产生大约6 000℃的高温——它挥舞的是闪电的力量。拼接起一排电池，或者装备一台发电机，便能产生足够高的电压来形成持续的火花或者说电弧。随着电极在金属表面移动，电弧在被加工的金属和碳质电极之间跳跃，实现焊接或者切割的目的。对被派往死去的城市里拆解废墟、回收最有价值材料的回收团队来说，这种应急的氧乙炔炬或者电弧切割器是不可或缺的设备。熔化废钢来回收利用的一个非常高效的方法是使用电弧炉。它本质上就是一台巨大的弧焊机：大型碳电极用奔涌的电流熔化金属，杂质形成矿渣浮到液态金属表面，被石灰石溶剂除去，然后钢水仿佛从水壶中一般被倾倒出来。在后末日时代的世界里，为了减轻对供热燃料的需求，使用可再生电能运行电弧炉，是需要掌握的一项重要技术。

不过，掌握了制造金属材料的能力，还只能算完成了一半任务：你还需要能够熟练地将它们加工成你需要的形状。如果没能回收到可运转的必备机器来做到这一点，你该如何从头开始制造出这种机器呢？

车床。头架和旋转的心轴在左侧固定住工件，右侧和中间有尾架，可移动的溜板箱携带切削工具

材料

20 世纪 80 年代，一位机械师曾为我们做过一次优雅的示范。他创建了一家设施齐全的金属加工车间——配有车床、刨床、钻床和铣床——而这一切仅仅是从黏土、沙子、木炭和一些废金属起步的。铝是一项很好的选择，因为它熔点低，易于铸造，而且非常抗腐蚀，所以哪怕在灾难发生很久之后也能够找到。

这一非同寻常的项目的核心是一个小型铸造厂，包括一台有耐火黏土内衬的回收金属桶，流经桶侧的空气流助力木炭的燃烧为其加热。这个在后院就能运作的熔炉熔化回收来的铝绰绰有余，液态的金属可以被倒进模具中铸造出各种机器零件。在一个可分成两部分的木质框架内，在细沙和黏土混合而成的黏合剂中加入少许的水，填在雕刻出的模型周围，便可以制造出浇筑用的模具。

第一个需要建造的机器是车床。一台简单的车床要有一根长而扁平的横梁，名为床身，头架固定在一端，尾架则可以沿着床身导轨左右移动。工件固定在头架的心轴上——被螺栓拧在面板上，或者由活口卡盘夹住——利用皮带或者齿轮系统将你掌握的动力（水车、蒸汽机或者电动机）传导过来驱动整个工件围绕这个中心旋转。尾架可以根据工件的长度移动到合适的位置，支撑工件的另一端，也可以携带一个工具，如在工件旋转的过程中，用钻头在其中心打孔。床身上还有一个可来回移动的溜板箱，它是一个装着切削工具的横向拖板，可以准确地定位在工件旁边，在其旋转时将其切削出任何想要的轮廓。令人惊奇的是，不仅这台车床能够复制其自身所有的零件来制造出更多的车床，你还可以完全从一无所有开始，在建造第一台车床的初级阶段，制造出完成它所需的剩余零件。

为了在工件上切出精确的螺纹，你需要在床身上安装一根长丝杠来平稳地移动溜板箱，理想情况下还要将其与机头座轴的齿轮连接起来，以便完美地协调两者的运动。在后末日时代的世界里，你会真的很希望回收到一根做好的长纹螺丝，因为以稳定的间距切出螺纹异常困难。在我们的历史上，第一条精确的金属螺纹经过了漫长的反复调校过程才造出来，然后在它的基础上，又生产出其他螺纹。你应该尽量避免重复这个过程。

有了车床之后，你可以利用它制造其他更为复杂的机器的零件，如铣床。车床是用工具在旋转的工件上操作，而铣床是用旋转的工具在工件上操作。它的用途极为多样——拥有了一台铣床后，你基本上就能制造出任何东西。所以这一示范是一场缩微的技术史：简单的工具制造出复杂的工具，包括自身更加精密的版本，然后重复这一循环，实现螺旋上升。

可是，万一你没有找到任何可用于锻造或者铸造的纯金属，或者已经用光了所有已经回收到的，又该怎么办？你如何能够首先从石头里提取出金属？熔炼的普遍原理是去除氧、硫或者其他矿砂中与金属结合的元素。这需要能够产生高温的燃料、一种还原剂和一种熔剂。木炭（或者焦炭）能够完美地实现前两项功能：它燃烧剧烈，而且在熔炉中燃烧时能够释放出一氧化碳，这是一种强还原剂，可以夺走氧，留下纯金属。原始炼铁炉的总体设计与烧石灰用的窑类似。炉中装满一层层木炭燃料和经过粉碎的铁矿石。一些石灰石

材料

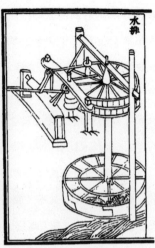

中国古代利用水力鼓风铸铁的机械水排

混在矿砂中充当熔剂，降低顽固的矸石（无用的石质部分）的熔点，令其在炉中变成液体，吸收金属中的杂质。熔剂形成矿渣被清除之后，你的金属战利品就可以从炉中取出了。

如果你的熔炼炉温度不够高，没有炼出成型的铁，就需要将海绵状的金属团块取出，在铁砧上反复锤打，使铁质融合在一起，打出剩余的矿渣。为了让这种纯锻铁有足够的强度来制作有用的工具，必须将其与木炭混合，再次加热到高温，使其吸收一些碳，形成钢后再拿到铁砧上去打磨。通过反复折叠和砸平，你实际上是在搅拌这种固体的材料，制造出可以锻造成最终形状的均质钢材。这是一项极其累人的工作，而生产效率也极为有限。现代文明的关键是高效批量生产钢的能力。以下是你应该如何做的具体方法。

解决方案是迫使强大的气流流经炉内堆积的材料，加剧燃烧。中国人早在公元前 5 世纪就发明了鼓风炉（1 500 多年后，鼓风炉才在欧洲出现），后来用水力驱动的活塞风箱改进了设计。为了更加高效地获得高温，可以用从烟道排出的炙热可燃废气预热鼓风气流。鼓风炉内的初熔铁吸收大量的碳，熔点在碳的作用下降低到大约 1 200℃。金属液化后可以从炉子底部流出，经过地面上凿刻出的渠道，进入成排的铸块模中冷却。最终得到的是生铁——其英文名称"pig iron"的字面意义是"猪铁"，这是因为中世纪的翻砂工认为铸模看上去像是在母猪身上吃奶的初生猪仔。

这种熔点降低了的高碳铁可以再次熔化，然后像热蜡一般被倒入模具。因此，铸铁十分便于快速制造厨具、管道或者机器零件等物品，在维多利亚时代，人们制造了很多铸铁梁。但是铸铁有一个很大的弱点：这种金属含碳量高，所以十分易碎。比如铸铁做的桥梁有一种非常糟糕的性质，一旦其结构性零件被弯曲或者拉伸，桥梁就会崩溃。

真正让后来的工业革命得以上演的创新，是将鼓风炉造出的生铁轻而易举变成钢的手段。从碳含量的角度来说，钢位于纯熟铁和易碎的生铁或者铸铁（3%~4% 的碳）之间：用于制造机械装置或者结构钢架的韧性钢含有大约 0.2% 的碳，而用来制作滚珠轴承或者车床切削工具的特制硬钢则含碳大约 1.2%。那么你该如何为生铁除碳呢？

贝氏转炉是一种内壁衬有防火砖的巨大梨形桶，装在一根轴上，因此可以被倾倒。转炉中装着熔化的生铁，空气从底部的孔中被泵入，就像冒泡的水族箱通风器一样。过多的碳与氧气反应，释放出二氧化碳气体，其他杂质也被氧化，作为矿渣被刮除。幸运的是，碳燃烧时释放的热量足以令铁一直保持熔化状态。

难点在于很难精确地判断操作的进程，以便去除几乎所有的碳，仅仅留下不到 1%。有一个一说出便很明显的诀窍，可以用来准确敲定最终的含量，那就是一直运行除碳操作，直到你有 100% 的把握所有的碳都已经被除掉，然后将分量精确符合预期含量的碳掺到纯铁中。这种贝氏转炉炼钢法是历史上第一种以较低的成本大规模制造钢材的方法，你应当尽快跨越到这一发展阶段。

玻璃

铁和钢是现代工业化世界备受赞誉的建筑材料，但是不起眼的玻璃虽然那么容易被忽视（至少容易被"看穿"），在我们的发展历程中同样意义重大。作为人类制造出来的第一批合成材料之一，玻璃在公元前 3000 年的某个时刻诞生于美索不达米亚最早的城市摇篮中。我们将会看到，有着一系列独特性质的玻璃怎样成了科学研究的关键材料。不过，让我们先来介绍如何制造玻璃这一基础问题吧。

你大概已经知道，玻璃是由熔化的沙子制成的，或者更精确一点说，是用提纯的硅石（二氧化硅）制成的。但是仅仅将一把沙子撒进火里不会有任何结果，除了有可能把火扑灭。问题在于硅石熔点极高，大约为1 650℃。这远远超过了简单的烧窑能够达到的温度，所以说仅仅知道其主要成分还无助于你实际制作出玻璃。玻璃有时候会自然形成：如果你在沙漠中挖掘，说不定会幸运地挖出熔融的硅石形成的长而中空的奇特管道，这种管道往往有着植物根系一般错综复杂的形状。这样的结构叫作"硅管石"或者"凝固的闪电"，是闪电击中干燥沙地时形成的。电流涌入地下，产生了足以令硅石颗粒熔化并结合成玻璃管的高温。

既然你无法直接驾驭闪电的力量，为了制造玻璃，你必须能够利用合适的熔剂，把硅石的熔点降到烧窑能够达到的温度。草碱和苏打都可以在玻璃制造过程中充当良好的硅石熔剂，但是我们将在"高等化学"一章中看到，只要应用一点点化学知识，苏打的大规模制造就相对要容易得多。所以如今用于制造窗户和瓶子的玻璃绝大多数都是碱石灰玻璃——一种溶解了沙子的苏打加石灰溶液，在日常温度下会凝固。

在黏土烧制成的瓷坩埚中装上硅石颗粒和苏打晶体。在烧窑的热量中，碳酸钠分解（释放出二氧化碳）并被硅石吸收，将其熔点降低到可以成功在烧窑的温度下制造出玻璃。一开始玻璃中混有释放出的二氧化碳和氧气、氮气，形成多气泡的熔融混合物。因此，应当使用温度很高的烧窑，让熔化的玻璃保持很高的流动性，而坩埚应当留在里面足够长的时间，让这些气泡跑出去，留下清澈的玻

材料

璃。不幸的是，仅仅用硅石和熔剂制成的玻璃溶于水，这严重限制了它的用途。解决方案是在坩埚中使用另一种添加剂，让玻璃变得不溶于水：生石灰——我们在上一章中讲过的氧化钙——可以很好地满足要求。

玻璃的基本材料硅石占地幔和地壳的 40% 以上，它是地球岩石最丰足的成分。但是硅石常常与很多其他成分混在一起（包括金属——硅石是熔炼后扔掉的矿渣的主要成分），为了制造出清澈无色的玻璃，它必须尽量纯净。比如说，很多沙子所呈现的褐色是氧化铁造成的，这种成分会令做出的玻璃呈现绿色——做酒瓶合适，但做窗户或者望远镜就令人讨厌了。能做出清澈玻璃的最佳原料是白沙或者其他未经污染的硅石，如用于制造有名的威尼斯"水晶"玻璃的白色石英石，或者从白垩中挑选出来的、用于制造英国"铅晶质"玻璃的火石（从技术上来讲，这两种玻璃都名不副实，因为所有玻璃的原子排列都全然无序，是乱七八糟的非晶体结构）。

当然，过去的文明会留下巨量玻璃。所有被完整保存下来的都可以重新利用，碎掉的玻璃则可以清洗后再次被熔化。事实上，玻璃是当今最容易被循环利用的材料之一。它可以简单地在炉中被熔化，再重新定型。这个过程可以一次次重复而不会产生任何材质的劣化（塑料则是个反例）。但是到了文明恢复过程的后期，或者如果你因船舶失事流落荒岛，就需要了解从零开始制造玻璃的配方。事实上，要想制造出清澈的高品质玻璃，热带海滩或许是收集齐三种原材料的理想地点：不含铁的白沙、用来提取纯碱的海藻以及用来煅烧石灰的贝壳或珊瑚。

　　熔化状态的玻璃可以直接从坩埚倒进模具。但是利用它的一种有趣性质，还有另外一种有用得多的制作方法。玻璃的不同寻常之处是它没有固定的熔点。玻璃的黏性（或者流动性）在一定温度范围内变化巨大，所以你可以在它已经软化但并不太易于流动的最佳状态下进行加工——这就是玻璃吹制工艺。在黏土或者长金属管一端蘸一滴玻璃，便能够往玻璃当中吹入空气。你既可以在半空中旋转它，吹制出想要的形状，也可以将它吹进模具，迅速制造出瓶子之类的物体。

　　如今对我们家庭和摩天大厦的照明来说，窗户是至关重要的。它让阳光照进我们的人造洞穴，又把风风雨雨抵挡在外。在大约公元 1 世纪的时候，古罗马人最先为他们的窗户装上了小块的压铸玻璃，而到了公元 1000 年的时候，中国的窗户上还蒙着被油浸成半透明的纸。很多个世纪以来，窗玻璃都是先经过吹制然后趁着还柔软通过旋转被甩成平面的——乡下老房子或者酒馆窗户中间独特的凹坑就是吹玻璃用的管子离开后留下的。今天，大幅面而且完全平整的窗玻璃是将玻璃倒进熔化的锡池中做成的。玻璃在冷却凝固之前，会浮在表面，伸展成平滑整洁、厚度均匀的一层。但是除了窗户之外，玻璃在后末日世界的恢复过程中还有着更多的基本用途。

　　玻璃适于做成窗户的主要性质自然是透明。这本身是一项罕见的材料属性。但实际上，玻璃有很多重要的属性是其他材料都不具备的。这意味着玻璃对科研来说非常重要：它使我们得以研究自然

材料

现象，测量它们的效果，从而开发出更加强大的技术。比如气压计和温度计是最早被发明出来的两种科学仪器，其工作方式是展示液柱的高度。如果没有玻璃这种清澈而坚硬的材料，便不可能看清楚液柱的起伏。

显微镜载玻片的原理，也仰仗于薄片状的样品可以附着在透光基片上这一事实。玻璃还相当坚固，可以制作能够容纳真空的气密外壳。真空管可被用于产生 X 射线，在发现电子及其他亚原子粒子的过程中，真空管也曾起到关键的作用。气密玻璃泡也是白炽灯或荧光灯运行机理的核心：在让产生的光照出去的同时，将特定的气体封存在内部。

除了具备透明、抗热和坚固等适于做成薄壁容器的性质，玻璃基本上还是惰性的。这是各种各样化学研究工作的核心。玻璃可以被铸造或者吹制成任何形状的实验室用具：试管、烧瓶、滴管、吸液管、管道、冷凝器、分馏柱、气体注射器、量筒和表面皿。如果没有一种既不活泼又能够透光的材料，使我们得以在不沾染反应物的情况下观察反应过程，很难讲化学会如何发展。

但是玻璃最伟大的天赋，或许是它能够被用来控制和操纵光线本身。这使我们不仅能够把大自然装进小瓶去分别研究，还能够扩展我们的感官。

身为玻璃制造大师的古罗马人注意到，玻璃球似乎能够放大在它后面的物体。但是他们没能从这一现象中总结出理论，并据此把一团玻璃磨成弧形，制造出透镜。透镜依赖的是折射原理——光线从一种透明介质进入另一种透明介质时会弯折。把一根直棍插入水塘便可以观察到这个现象——棍子似乎在水面处折断了。这就是光线在水面——水和空气交接处——发生折射造成的。一片玻璃如果做成两面突起的透镜，就能够控制穿过它的光线的折射。在外缘进入透镜的光线向内偏折得厉害，因为它的入射角较大。在接近中心的地方进入透镜的光线偏折的角度较小，而直接射入正中央的光线是以直角击中曲面的，因此光线会继续直线前进。所有的光线会聚到一点：焦点。这就是放大镜的原理。

最早的光学技术就是眼镜，于 1285 年左右出现在意大利。这种眼镜上安装着凸透镜，用于帮助远视患者。这种眼疾通常出现在老年，表现为很难将目光聚焦于近处的物体。对近视的矫正则要依靠凹透镜。要把玻璃磨制成这样——两面向内凹陷，穿过的光线会被发散——要比磨制凸透镜难一点。

直到人们意识到，既然透镜可以显著放大透过它们看到的物体，那么精心排列的一组透镜便可以让你看到远方，真正的突破才得以发生——人们意识到的正是望远镜的实质。这种器具最早由船长们使用，但是很快就被指向了天空，使我们对宇宙以及我们在其中位置的理解发生了巨大的变革。然而，玻璃透镜还可以用来放大极小的物体。在理解微生物学和细菌理论、检查晶体和矿物的结构以及改进冶金学等方面，显微镜都是一种绝对不可或缺的工具。

作为 5 500 多年前的人类合成的第一批人工物质之一，玻璃方便了我们探索自然并开发新的技术，从第一副阅读用眼镜到哈勃太空望远镜。在 17 世纪，有六种仪器对现代科学事业的发展来说是至关重要的，它们分别是摆钟、温度计、气压计、望远镜、显微镜和真空室。在灾难之后重新探索世界的过程中，它们仍将不可或缺，而其中除了摆钟之外，其他五种仪器全都完全依赖玻璃所具有的一系列独特性质。

将我们的目光延伸到宇宙的望远镜，以及探索物质精细结构的显微镜，归根结底都依赖有着弧形表面的一团沙子，这样一个事实不免会让人赞叹。从最根本的意义上来讲，玻璃改变了我们对世界的看法。不管是作为建筑材料还是实施科学研究所需的重要入门技术，玻璃对于文明的成功恢复都是很重要的。温度计、气压计和显微镜也是检查人体状况的重要仪器。现在，我们将把话题转向医疗。

医药

"城市被废弃了。废墟的周围没有留下这个民族的任何残余，没有留下任何父子相承、代代延续的传统……留下这些废墟的是一个文明、优雅而奇特的民族，他们经历过国家的兴亡，曾走入黄金时代，然后又销声匿迹……在世界历史的浪漫传奇中，还不曾有什么像这座壮观的城市一般令我深深铭记，曾经宏伟而美好，却又倾覆，被人荒废和遗忘……几英里内都长满了树木，甚至没有一个名字来称呼它。"

——约翰·劳埃德·斯蒂芬斯（发现了玛雅文明废墟的探险家）

技术文明的崩溃，将带来现代医疗能力的彻底瓦解。对生活在发达国家、可以一通电话便招来救护车的人们来说，卫生保健的消亡，以及与之相伴的平和心灵的丢失，都是相当可怕的。每一种损伤都可能变得致命。如果得不到合适的医疗照料，在废城中被瓦砾绊倒造成的腿部开放性骨折便会要人性命。甚至无关紧要的事故都可能意味着死刑——比如手指被刺破后受到了感染，毒素进入血液。所以在灾难发生后不久，由于伤病造成的死亡率超过出生率，人口可能还会继续下降。没有了旧时代的抗生素、手术或者延缓身体状况恶化的药物，幸存者的预期寿命将从当今发达国家 75~80 岁的水平急剧下降。即便有足够的护士、医生和军医幸存下来，没有了诊疗设备和血液测试，或者可以利用的现代药物，他们精深的知识和技能也会很快变得没有用处。而且，如果这一高度专业化的医学知识本身后来也消失了的话，又会如何？你怎样才能加速恢复许多个世纪的知识积累？

和本书讲到的其他大部分主题一样，我不可能有意义地叙述出当代医学知识的哪怕九牛一毛：健康人体复杂的器官系统、组织和分子机制，以及它们会如何受到特定伤病的损害；我们如今使用的种类繁多的药物以及合成它们的方法；或者种种复杂的手术流程。但是我希望做到的是，解释清楚最基本的知识，让你在灾难之后能够立刻拥有一个抗争的机会，另外描述清楚一些工具和技术，而这些工具和技术对于从基础开始，加速重新发现其他的一切都是至关重要的。

在当今的西方世界，人们多半会在身体因老龄而出现功能失常时，死于心脏病或癌症等慢性病，但是到了后末日时代，就像在我们的整个历史上以及现在的发展中国家里一样，传染病才会是人类的苦难之源。

大多数这种疾病是文明的直接后果。具体而言，动物被驯化并生活在人类居所近旁，使疾病跨越了物种藩篱，感染了人类。牛把肺结核和天花传进了人类病原体库；马带给了我们鼻病毒（普通感

冒）；麻疹来自狗和牛；猪和家禽仍然在传给我们流感。另外，城市
生活对疾病起到了积极的促进作用：密集的人口使通过接触或者空
气传染的疾病迅速传播，而低劣的卫生系统和污秽的环境造成了水
传疾病的流行。在近代以前，由于死亡率过高，城市人口只有靠持
续涌入的农村移民才得以维持。但尽管有风险，群居还是有助于贸
易的发展，以及一种更有价值的商品的迅速流通：思想。当灾难后
的人口开始恢复，城市化将再次促进具备不同专业技能的人群之间
协作和互相启发，极大地加速技术水平的重新发展。

那么让我们首先探讨一下，如何保持幸存下来的社会人口的身
体健康，保护他们不受疾病的侵扰，以及保证安全分娩，帮助人口
尽快实现增长。

传染病

如果你幸运地躲过了我们所知的世界末日，却在几个月之后死
于本可以轻松预防的感染，那未免就太讽刺了。在一个没有抗生素
和抗病毒药物的世界里，你会急切地希望避免被感染。感染的发生
是由于微生物入侵者战胜了身体的防御机制，相对于任何其他信息，
懂得最基本的卫生保健都会更加有助于在灾难刚刚过去的世界里拯
救你的生命。

我们现在非常清楚霍乱的机理。弧菌在富含营养物的小肠内迅

速增殖，用目标明确的分子毒素攻击肠壁，造成腹泻并帮助这种有机体传播到新的宿主。很多肠道感染有着与此类似的惯用伎俩，很容易通过上述方式传播——在医生口中，这种传播途径有着一个清新脱俗的名字：粪——口传播。简单的预防技巧无非是打破这一循环。

在个人层面上，为了预防可能威胁生命的疾病和寄生虫，你能够做到的最有效的自我保护手段就是经常洗手（使用我们在"物资"一章中学会制作的肥皂）。这并不是现代文明留下的某种固守陈规的遗风，一种让你的双手悦人眼目的仪态问题，而是一项基本的生存技巧——自己动手的保健措施。与此同时，一个社会应当确保饮用水不被排泄物污染。现代公共卫生有一些核心原则，记住细菌理论（很多疾病由微生物引起，可以在人与人之间传播）最基本的原理，这将使后末日时代的社会比我们的祖先更加健康，哪怕是我们 19 世纪 50 年代的祖先。

即便你真的遭遇了肠道感染，好消息是这种情形往往是不会致命的。即便是霍乱这种在历史上堪称灾难的疾病也并不直接致命：你的真正死因其实是剧烈腹泻造成每天损失多达 20 升体液，继而引起的快速脱水。治疗手段直接得令人震惊，只是直到 20 世纪 70 年代才得到广泛应用。口服补液疗法（ORT）无非是在 1 升洁净的水中加入 1 汤匙盐和 3 汤匙糖，替代在生病过程中失去的水以及配比正确的溶质。要想在感染霍乱之后活下来，你并不需要先进的药物，只要有周到的护理就可以了。

医药

分娩和新生儿护理

没有了现代医学干预，分娩将再次成为母婴两人的危险时刻。如今，分娩过程中的严重并发症往往可以通过剖宫产解决：外科医师划开肌肉构成的腹腔壁和子宫，取出婴儿。剖宫产现在已经是一种常规操作，有时候产妇甚至会在没有医学必要的情况下要求施行，但其实很多个世纪以来，只有在产妇已经死亡或者救治无望时，剖宫产才会作为拯救婴儿的最后希望得到施行。已知第一例产妇存活的剖宫产手术发生在 18 世纪 90 年代，即便到了 19 世纪 60 年代，这一手术的死亡率仍然超过 80%。剖宫产仍旧是一个非常复杂而且创伤性极大的手术，在灾难之后并不能成为自然分娩的安全替代。

17 世纪早期出现了一种在难产时帮助婴儿出生的非手术方法。助产钳是产科的一项重大进步，令助产士或者医生可以探入产道，小心牢固地抓住胎儿的脑壳，调整其头部位置或者轻轻地把孩子拉出来。[1] 后来这种工具出现了重要的改进，其两个臂可以从轴上脱开，因此可以分别就位。随着时间的推移，设计也在演变，最终助产钳的两臂有着与产妇骨盆肌肉相同的弧度（与肌肉的收缩协同作用），夹板部分的形状可以箍在婴儿的脑壳上。

在能够自行调节体温之前，如果没有待在医院恒温箱里保持温

1　发明产钳的医生家族将其作为秘密严格保守了超过一个世纪，因为产钳使他们拥有的竞争优势可以带来巨大的收益。为了保持产钳不为人所知，它们要被装在带衬里的箱子中带入产房，只有在观察者被驱离、产妇被蒙上双眼时才会取出使用。

暖，早产儿或者出生体重过轻的婴儿便有可能死亡。现代恒温箱是昂贵而复杂的机器，而且和很多其他医疗设备一样，被捐献到发展中国家的医院之后，往往会因为电涌、得不到配件或者缺乏能够维修它们的专业技术人员而失效。一些研究曾经发现，捐献到某些医院的医疗设备中，多达 95% 的设备会在前 5 年之内无法工作。一家名为"设计攸关"（Design that Matters）的公司试图解决这一问题，他们的巧妙方案为后末日时代有待出现的适用技术提供了一个绝佳的范例。他们的恒温箱设计使用了标准汽车零件：普通的密封光束头灯用作加热元件；仪表盘风扇循环过滤空气；车门铃用于鸣响警报；摩托车电池则在电力中断或者在运输途中为恒温箱提供备用电源。所有这些在灾难之后都很容易被找到，而且可以凭借当地机械师的知识进行修理。

医疗检查和诊断

医生的关键技能是诊断——辨别患者的疾病或者症状，并且确定合适的疗程或者手术的能力。医生会向病人询问发病细节以及既往病史，再综合身体检查中发现的症状，便可判断疾病的可能原因，以及下一步需要做的检查，如血检、从身体某部分采集的试样的显微镜检查或者 X 光和 CT 扫描之类的体内造影技术。这些检查的结果为得出诊断结论提供了线索。

医药

在灾难中，你失去的将不仅仅是先进的检查和扫描设备，还会有大部分医学专业知识。比起本书涉及的很多其他专业领域，医学和外科学都更加依赖只可意会不可言传的学问，也就是那些你已经学会了如何去做，但是仅仅凭借言辞或者图片极难成功传授给他人的本领。在英国，要经过 10 年医科学校的学习和医院实习才能够获得注册医师的资格，而这一切都要依靠专家的训练和手把手的示范。如果这种传道授业的循环随着文明的崩溃而断裂，你将无法仅凭课本学会自己必需的实践技能和阐释性知识。那么让我们看一下医学和外科学的基础：如果所有的专业知识和设备都消失了，你该如何恢复基本的知识和技能？

有根据的诊断要依靠多种检查才能做出，但是直到 19 世纪早期，医学专业还不具备哪怕一件令医生可以探知身体内部状态的仪器。他们必须依赖可见的外部迹象，用手指刺探膨大的器官或肿块，或者敲打腹部和胸部，聆听内部气体或者液体的不同声音（这种敲击技术是一位酒馆老板的儿子发明的，他利用这种技术判断桶里还剩下多少葡萄酒）。

改变了医疗诊断的工具简单得令人震惊。听诊器需要的无非是一根空心木管，一头接在耳朵上，另一头顶住患者的身体，甚至卷起来的一沓纸也行——这种工具就是这样在 1816 年被发明出雏形的。对于用耳朵和脸颊接触一位胸部特别丰满的女士，勒内·拉埃涅克（René Laennec）感觉到不自在，于是便用纸卷成管状来随机应变，结果发现这个临时装置完全能够担当传递心跳声的任务，甚至还有所放大。听诊器可以揭示身体内部的声音：从心跳声中的异常到标志着肺部疾病的气喘和阻塞声、肠道阻塞部位的寂静，或者胎儿微弱的心跳。

到了 19 世纪末期，医生提包中除了听诊器，还有了测量体温的小巧温度计和连接着标尺、用来测量血压的臂套。临床用的温度计若测出发烧，则表明人体受到了感染，而把定期测量获得的读数标绘在温度图表上甚至可以揭示出特定的疾病。但是在后末日时代的文明重新学会如何制造出高能射线前，听诊器仍将是你探知人体内部状况的关键工具。以下是具体方法。

在 19 世纪的最后几十年，人们发现了两种有趣的辐射。第一种是在两个金属盘之间施加高电压时由负电极释放出的。这种辐射叫作阴极射线，我们现在已经确认它们是电子：电线中电流的介质被电压产生的陡变电场加速，脱离了电极。哪怕空气这样稀薄的物质也会迅速吸收飞行中的电子，所以阴极射线只能在排净了空气的容器中行进一段可被察觉的距离。因此，只有当科学家能够制造出有效的真空泵，将密封玻璃管中的空气几乎全部吸出时，阴极射线才会被人们注意到。

第二种是 X 射线。早期真空管中残留的少量气体在被快速移动的电子轰击时，会释放出一种诡异的光辉（霓虹灯利用的就是这种效应）。德国物理学家威廉·伦琴（Wilhelm Röntgen）想要分离出这种光线，好研究穿透真空管壁的阴极射线，于是他把真空管用黑色的硬纸板包裹起来。这时，他注意到，实验室工作台另一侧的一块荧光屏发出了微弱的绿光。这段距离远超阴极射线所能抵达的范围，伦琴根据其神秘的性质，给这种新发现的隐形辐射取名为 X 射线。我们现在已经知道，X 射线是一种超高能电磁波，是经过加速的电子撞击真空管中的正电极时发出的。

令他大为震惊的是，伦琴意识到 X 射线可以让你看穿固体，如封闭木盒内部的东西。最为诡异的事情发生在 1895 年，他用 X 射线拍摄了一张自己妻子手骨的照片。因为相对于软组织，X 射线更容易被骨头之类密实的内部结构吸收，那张图片本质上就是高能光线径直射穿她的身体时骨头留下的影子。X 射线有危险性，因为其能量足以触发变异并引起癌症，因此患者应当仅仅短暂地暴露于其辐射下，以便在胶片上得到一个快照，而医生应当躲在铅幕的遮蔽之后。尽管意识到这些健康风险，但是得益于有机会一窥活人身体内部，检查至关重要的器官、评估骨折或者定位肿瘤，人们从 X 射线摄影术获得的诊断能力还是远超第一种诊断工具听诊器。

但是能够从外部检查身体内部状况，只是你在灾难之后面临的问题的一半。对患者的检查必须与对我们身体实际构成的精确理解联系起来：我们必须真正彻头彻尾地了解我们自己。所以如果关于人体错综复杂的内部结构的详细知识丢失了，我们又该如何从头开始重新发现，以便能够区分出健康和异常呢？

人们在屠宰场可以了解到动物的内部构造，但是人体在结构上与动物之间有着重大的区别，因此通过人体解剖来重新掌握人体构造将是必不可少的工作。解剖学和尸体解剖是病理学——对疾病根源的了解——重新发展最重要的基础。在尸体解剖中，在世患者疾病的外部征兆和症状，与只能在患者死后才能得到的内部结构障碍和缺陷联系起来。特定疾病往往源自某个器官的故障而非系统性的问题——比如进入现代社会之前，人们普遍相信是血液、黏液、黑胆汁和黄胆汁这四种体液的不平衡导致了疾病。这一点的认识是病理学的核心，而且要想解决疾病的内在原因而非简单地试图治疗其症状，人们也必须领悟这一事实。

一旦基本的病因确认了，下一步就是开出药方或者进行手术干预。

药物

只有当你开发出了已知能够有效治疗特定疾患的药物制剂，得出对疾病的正确诊断才有用处。在人类历史的大部分时间里，这都是一个真正的绊脚石，在 20 世纪之前，医生的诊疗包基本上没有什么作用：想象一下知道杀死患者的疾病是什么，却无力阻止的那种沮丧。

很多现代药物和疗法都源自植物，而草药的传统和传说与文明本身一样古老。差不多 2 500 年前，希波克拉底（Hippocrates）——由于其被引为医生道德信条的希波克拉底誓言而享有盛名——推荐通过嚼柳木来缓解疼痛，古代中国的草药学也开出了用柳树皮控制发热的药方。从薰衣草中提取的香精油具有杀菌和抗炎的功效，因此可用作割伤和瘀伤的外用药膏，而茶树油因其杀菌和抗真菌能力在传统中一直得到应用。洋地黄苷是从毛地黄中提取的，可以降低脉搏过快而不规律者的心率。金鸡纳树皮含有抗疟药物奎宁，这种成分令奎宁水有了其标志性的苦味（也让英国人为了品咂杜松子酒和奎宁水而染上了殖民的嗜好）。

在一段时间内，我们都将只能拥有用于缓解或消除疼痛的药物。这些药剂治标不治本，针对的是症状而非病因。它们是世界上应用最为普遍的药物，可被用于从头痛到更加严重的创伤的方方面面。止痛药是重新发展外科学的前提条件。咀嚼柳树皮可以产生有限的镇痛效果，而辣椒则可以实现局部止痛，适用于处理皮外伤或者切除脓肿之类的小型手术。辣椒素分子是一种已知的反刺激物，正是它在人的口中造成了虚幻的烧灼感。如同从薄荷中提取的薄荷醇会造成相反的冰冷效果，辣椒素可以敷在皮肤上掩盖疼痛信号（辣椒素和薄荷醇都可以用于像虎牌万金油那样的放松肌肉的热贴或者药膏）。

不过，自古以来的通用镇痛药是罂粟。罂粟开花之后，可以从中提取鸦片，这种粉红色的奶状汁液被认为具有缓解疼痛的功效。收集鸦片的传统方法是，每天在罂粟高尔夫球大小的膨大种子荚上浅浅地割几刀，让汁液渗出后凝干成黑色的胶壳，第二天早晨再刮下来。吗啡和可待因是鸦片中的主要麻醉成分：干涸后的汁液含有高达 20% 的吗啡。这些鸦片成分在乙醇中的溶解度远远高于水中，把碾磨成粉的鸦片溶解在酒精中，可以制成一种强效（但具有成瘾性）的鸦片酊剂——鸦片酒。20世纪30年代发展出的一种劳动密集程度要低很多的鸦片提取方式被发展出来，其方法和处理谷物相似——将罂粟收割、脱粒并风扬之后，经过几遍水洗（为增加溶解度，水往往呈弱酸性）来提取鸦片。罂粟种子保存起来可供食用或者下一季的种植。事实上，当今90%的医用鸦片仍然是从罂粟秸秆中获取的。

然而，原始的植物熬出物或者酊剂提取物存在一个风险，那就是在没有化学分析能力的情况下，你不知道活性成分的浓度，而摄取太多可能会造成危险（尤其是像洋地黄苷这种影响心率的药物）。恰当的剂量大概只有一个很小的范围：给药量应尽量足够有效，又不能大到致命。

从无处不在的感染、败血症到癌症，绝大部分严重且最终会致命的病症，都不可能通过简单的草药制剂得到有效治疗。第二次世界大战之后，一项关键技术在医药领域掀起了一场翻天覆地的革命，那就是有机化学中分离和处理药物化合物的能力。如今的药物都有着精确标明的成分含量，而且为了增强药效或者减少副作用，要么采用了人工合成的方法，要么利用有机化学改进了植物提取方法。比如人们对柳树皮的活性成分水杨酸进行过一种相对简单的化学改造，既保持了缓解发热的镇痛功效，又减少了刺激胃的副作用。这一改造的结果，便是产生了人类历史上使用最为广泛的药物——阿司匹林。

医药

　　在恢复以实证为基础的医学时，一项重要的实践活动是进行合理的测试来判断某种化合物或者疗法是否真的管用，还是应该同没用的蛇油、巫医药剂和顺势疗法调和物一起被扔掉。[1] 理想情况下，临床试验中对有效性的客观测试需要相当大的患者群体，并将他们分成两组：一组接受有待验证的治疗手段；另一组——作为对照基准的控制组——则被给予安慰剂或者当前最有效的药物。成功的临床试验有两大支柱，一是消除倾向性，随机分配试验对象；二是应用"双盲"原则：在分析结果之前，患者和试验人员都不知道哪些人被分配到哪一组。在重新发展医学的过程中，没有什么捷径可以绕过这些精细而系统性的工作，而且为了缓解人类的痛苦，还可能需要进行动物实验之类令人不快的实践活动。

外科学

　　对一些病症来说，最佳的治疗方案是手术：从物理上纠正错误或者移除身体组织中某个出了毛病的部件。不过，在你考虑采取手术这种手段（并有可靠的患者生存概率）——有意造成一个开放的伤口，看一看身体内部，像汽车修理工一样摆弄其运行机制——

1　历史上最早的临床试验之一是在 1747 年开展的。在这次试验中，坏血病患者证明了柑橘果实确实含有某种保护剂。

之前，后末日时代的社会应当首先满足几项先决条件。以下是其中3个：解剖术、无菌处理法和麻醉术。

我们已经探讨过，你需要了解人体的构成，才能够区分出患病的器官和正常的器官。没有对解剖学的详尽掌握，你的外科医师们实际上就是在黑暗中瞎摸乱撞。你需要拥有人体内部结构的全面示意图，其上注明了每一个部件的通常形态和结构。你需要了解它们的功能以及主要血管和神经的走向，以防不小心割断它们。

无菌处理法是指防止微生物在手术过程中进入人体，而不是事后用碘或乙醇溶液之类的杀菌剂清洗伤口（对于受到污染的意外伤口，杀菌剂就是你唯一的选择了）。为了保持无菌的环境，要一丝不苟地清洗手术室并过滤供气装置。在切口之前，可以用70%的乙醇溶液（医用酒精）清洁手术地点，病人的身体则用消毒帷覆盖。外科医师必须穿戴干净的手术袍和口罩，仔细清洗手和前臂，用加热消毒过的手术工具操作。

麻醉药并不治疗疾病，但是具有与此同样宝贵的功能：临时中断所有的疼痛感，或者甚至诱导彻底的无意识状态。在没有麻醉药的情况下做手术，是一种极度可怕的创伤性体验，只能作为下下策。这时，外科医师必须迅速行动——在患者痛苦扭动的同时，切开紧张和痉挛的肌肉——而且只有手术较简单，才可考虑这么做，如去除肾结石或者用布氏锯粗暴地截掉坏死的肢体。然而，当患者没有知觉时，外科医师可以更加缓慢而小心地操作，可以在胸部和腹部冒险实施开刀手术，通过探查手术来看一下某种疾病背后的根源可能是什么。

医药

第一种被确认具有麻醉效果的气体是一氧化二氮，又称"笑气"。患者吸入足够多的剂量之后，一氧化二氮所造成的欣快感觉会让患者变成真正的无意识状态，适合进行手术或者牙科操作。一氧化二氮是硝酸铵受热分解生成的。不过要小心，这种化合物并不稳定，温度高于240℃时有可能爆炸。这种麻醉性气体随后被通入水中冷却并去除杂质。硝酸铵本身可以通过氨和硝酸反应生成（见"高等化学"一章）。一氧化二氮本身能够很有效地减少痛感，但并不是一种很强的麻醉剂。不过，在和乙醚之类的其他麻醉剂共同使用时，它的确能够起到增强效果的功能。乙醚可以通过将乙醇与硫酸等强酸混合，然后对分馏反应后的混合物进行提取而得，是一种可靠的吸入式麻醉剂。乙醚虽然起效相对较慢，而且有可能造成恶心，但从医学角度来看，它是安全的（尽管是易爆气体）。乙醚的优点是，不仅能引起无意识状态，还能在手术中松弛肌肉，缓解疼痛。

微生物学

然而，万一灾难之后经过了几代人，社会退化得太严重，细菌理论的关键知识已经遗失，瘟疫被重新归因于糟糕的空气或者易怒的神祇，又该怎么办？文明该如何重新发现世上存在着小得难以想象、肉眼无法看到的生物，而且是它们造成了食物变质、伤口化脓、尸体腐烂以及传染性疾病？

事实上，借助一些相当简单的设备，我们就能够看到细菌和其他单细胞寄生虫。从头开始制造一台原始的显微镜其实简单得令人吃惊。你需要从一些清澈的优质玻璃开始。将玻璃加热并拉伸成细丝，然后用高热的火焰烧熔其尖端，使之滴落。熔化的玻璃珠一边跌落一边冷却，幸运的话你能制造出一些非常细小而且呈现出完美球形的玻璃珠。用中间带孔的薄金属条或者硬纸板装好你的球形透镜，然后将它举在样品上方。这种简单的显微镜能够管用的原因是，小玻璃珠的球面弧度非常大，因此对穿过它的光波有着非常强的聚焦效果。不过这也意味着焦距非常短，你必须让透镜和你的眼球都离目标很近。[1]

随着感官得到了仪器的增强，你会意识到，无数看不到的微小有机体构成了一个欣欣向荣的小宇宙——新的野生生物种类繁多到令人震惊，全都有待后末日时代的微观博物学家们去识别并归到相关的科和类群中。等有了严格的科学证据，你不仅可以证明被感染的伤口或者变质的牛奶中存在着微生物，还可以证明如果没有微生

---

1 使用这种设计，安东尼·范·列文虎克在1681年成为历史上第一个看到微生物的人。他曾经染上腹泻，感觉必须在他的新显微镜下检查一下自己的水样排泄物。他报告称观察到了"一些优雅游动的微生物""长度略大于宽度，它们的腹部……装饰着各式小爪"。他所看到的，就是今天被我们归类为原生动物的贾第鞭毛虫，是腹泻的一种常见病因。没过多久，列文虎克开始观察水滴中的微生物以及粪便和腐朽的牙齿当中的细菌。在观察自己的精液时，他发现了欢快扭动的精子——所有动物的性繁殖都要靠它们（不过他坚称，自己的样本并未通过"任何有罪的方式"获得，都是"自然在我的婚姻关系中为我提供的多余量"）。

物的话，食物便可以长期保存。如果你把营养丰富的肉汤或者容易腐烂的肉类封在不透气的罐子里，并加热杀死所有已经在里面的微生物，腐烂便不会发生：事物不会自发地变质。通过组合不同的透镜，可以用类似制作望远镜的方法造出更优良的显微镜，而随着时间的推移，你终将能够把某种微生物的存在与特定传染病联系起来。[1]

你甚至可以在培养液瓶中养殖微生物，或者让它们在固体营养物表面形成菌落，通过圈养来研究它们。皮氏培养皿可以用玻璃铸造，里面倒满营养丰富的琼脂，并加盖防止污染。琼脂与来自牛骨的明胶类似，是一种从煮熟的红藻或者其他海藻中提取的胶状物质（在亚洲菜式中很常见），但是大多数微生物无法消化这种物质。

在之前的章节中，我们已经探讨过，要想优化制作发酵面包、酿造啤酒、保存食物及制造丙酮的流程，这种基础的微生物学是必不可少的。但是在灾难之后人类境遇的改善过程中，微生物学最重要的作用或许是作为基础知识，让人们在有毒的杀菌剂之外，发现杀灭细菌并治愈感染的更具针对性的方法。

1928 年，亚历山大·弗莱明研究过在被感染的体液中——比如

1　早在第一台显微镜被发明出来之前很久，就有人猜测看不到的微小有机体的存在。公元前 36 年，罗马作家马库斯·特伦提乌斯·瓦罗表示，他相信"有一些无法用肉眼看到的微小生物在繁衍，它们飘浮在空中，通过嘴和鼻子进入身体，并引起严重的疾病"。如果瓦罗知道如何制造原始的玻璃珠显微镜来证实他的直觉，历史或许会有一个全然不同的轨迹。想象一下，如果细菌理论在 1 500 年之前就已经被发展出来的话，有许多瘟疫和苦难都可以被避免。

鼻黏液和皮肤脓肿——培养细菌之后便前去度假了。回家之后他开始清理实验室工作台并洗净用过的皮氏培养皿，当他偶尔从水槽中一堆培养皿的最上方拿起一个时，却发现在这个未经消毒的培养皿中，一小块霉菌周围环绕着一个无菌的区域，而除此之外整个培养皿的其他地方都菌丛密布。看起来，似乎是霉菌分泌的某种物质阻止了细菌的生长。后来，这种霉菌被确认为青霉属真菌，它分泌的物质青霉素以及后来发现或合成的其他数种抗菌素，在治疗细菌感染方面都极为有效，每年能够拯救上百万的生命。

"科学研究中听上去最令人兴奋的、宣告新发现的一句话，"科幻小说作家艾萨克·阿西莫夫（Isaac Asimov）说，"并不是'Eureka!'（我发现了！）而是'嗯，有点意思……'。"对弗莱明以及其他人的很多偶然发现而言，这话显然是正确的，但前提是其潜在的意义能够被人们所领悟。事实上，50 年前就有其他微生物学家注意到青霉菌可以阻止细菌生长，但是没能实现从这种观察到追求医学应用的概念性跨越。

然而，既然已经了解到这种效应的存在，重启中的社会是否能够凭借这种后见之明，重复一系列与此类似的实验，有意寻找有此效果的霉菌，从而迅速重新发现抗生素呢？基础的微生物学研究方法是直截了当的。在皮氏培养皿中倒入提取自牛肉的营养基，用源自海藻的琼脂令其凝结，在上面抹上从你的鼻子里取出的葡萄球菌，令不同的琼脂盘接触到尽量多的真菌孢子源，如空气过滤器、土壤样品或者腐败的水果和蔬菜。一两周之后，仔细寻找阻止了周围细菌生长的霉菌（或者其他细菌群落：很多抗生素是用相互之间正在忙于开展演化军备竞赛的细菌制造的）。把它们单独摘取出来在液态培养基中培养，以便更加容易地获取分泌的抗生素。利用这种技术，我们已经从真菌和细菌身上发现了多种抗菌化合物，不过青霉菌在环境中分布非常普遍，因而很可能是灾难之后首批重新得到分离的抗生素来源之一。它们是食物变质的一项主要原因：事实上，如今全世界制造的大部分青霉素，都来自从美国伊利诺伊州一家市场里一个发霉的哈密瓜上分离出来的青霉菌株。

然而，哪怕只是为了建立一套勉强能用的后末日疗法，你也不能简单地把含有"霉菌汁"的抗生素打进人体了事，因为如果不提纯的话，它的杂质会引发患者的过敏性休克。根据抗生素分子在有机溶剂中的溶解度比在水中大的特点，霍华德·弗洛里（Howard Florey）的研究团队在 20 世纪 30 年代末，研究出了从培养液中提纯青霉素的化学方法。过滤一下培养液，去掉菌株和碎屑，在滤出液中加入一点酸，然后与乙醚（我们在本章中已经讲过了如何制造这种用途广泛的溶剂）混合并摇晃。大部分青霉素将从水性培养液中进入乙醚。静置混合液使其分层，青霉素便会浮到上层。排干下面的水层，然后将乙醚与碱水混合摇晃，使杀菌化合物回到水溶液中，这样便去掉了培养液中大部分的污物。

如今计算一个人每日开出的青霉素，需要处理多达 2 000 升青霉培养液，因此在后末日时代抗生素的生产需要具有高度组织性的劳作。到 1941 年年底时，弗洛里的团队已经将生产规模扩大到足以生产出可供临床试验的青霉素，却由于战时设备的短缺而被迫东拼西凑。他们在一架架浅便盆中培养青霉，临时的提取设备是用旧浴缸、垃圾桶、牛奶桶、回收来的铜管和门铃制成，大学图书馆遗弃的橡木书架被做成框架，将上述部件固定住——或许这对后末日时代必不可少的回收和应急搭建工作会有所启发。

　　因此，尽管青霉素的发现常常被描绘成几乎毫不费力的意外事件，对于从"霉菌汁"中提取并提纯青霉素来制造安全可靠的药剂这一目标而言，弗莱明的观察只是漫长的探索开发、试验优化之路走出的第一步。最终，美国发展出了广泛使用青霉素所需的大规模发酵设施。同样的道理，即便已经掌握了必需的科学知识，后末日时代的文明仍然需要达到一定的生产力水平，才能够生产出足以对人口产生影响的抗生素。

为民供能

"白光消退成东南方一团红色的火球。他们都知道那是什么。那里是奥兰多，或者麦考伊基地，或者两者都是。那里有提姆库安县的电力供应。于是电灯熄灭了，在那一刻，里珀斯要塞的文明倒退了一百年。一天就这样结束了。"

——帕特·弗兰克，《哀哉巴比伦》（1959）

在翻阅自己在伦敦北部那间公寓的煤气和电费账单时，我计算出我去年的总能量消耗差不多接近 1.4 万千瓦时。如果没有化石能源，这些能量只能由人工维持的林地提供，那么我每年都要烧掉接近 3 吨干木材（或者 1.7 吨能量更加密集的木炭），而这需要超过半英亩短周期矮树林才能够供应。得出上述数字的前提是，木头中的能量能够 100% 地转化为从我的插座里流出的电力。但事实上，从燃烧燃料到生成电能的多步工序本质上就是低效的，哪怕是现代电厂也只能把燃料中 30%~50% 的储存能量转化为电能。

当然，这还只是计算了我在家中为了取暖、照明和运行电器而直接消耗的能量。我身处其中的工业文明摊在我头上的那一部分消耗全都被遗漏了——道路和楼房的修造、为我生产出书写用纸和洗衣粉的工业流程、我的衣服和沙发的生产和运输、为了我的一日三餐而进行的肥料合成与农田的耕作，以及我去工作时乘坐的列车，所有这些都要消耗能量。如果你用全国能量消耗除以总人口，就会发现生活在美国的每个人每年实际消耗了接近9万千瓦时，而每个欧洲人使用了4万千瓦时多一点。

发生在中世纪的机械革命预示了水车、风车的广泛使用，以及后来在开采化石燃料基础上的工业化，而在那次革命之前，农业、制造业和运输所需的力量全部由人畜的肌肉提供。若是从这个角度来看待当今的能量消耗，9万千瓦时相当于每个美国人拥有一个14匹马或者超过100人的团队，全天候不眠不休地为其工作。

随着工业文明的崩溃和能源供应的瓦解，复原中的社会将必须重新学习如何满足自己的能量需求。文明的进步有赖于能够驾驭越来越多的能源，尤其是掌握如何在不同能量形态之间转换，如把热能转化为机械能的能力。

机械能

文明需要的，不仅有我们在"物资"一章中探讨过的热能，还有对机械能的驾驭，以便从只能利用肌肉力量的禁锢中解放出来。

古罗马人的一项重要创新，是开发出了有传动装置的竖直水车：

带桨片的巨大轮子，下部浸在小溪或者河流中，在水流的推动下转动。在古代，水力主要被用于推动磨石来磨面，让这一技术成为现实的关键机制的，是直角传动装置的发明（约公元前 270 年）。这种装置将水车竖直的旋转转化为磨石的水平转动，其实现方法非常简单——在水车的主动轴上安装一个巨大的冕形齿轮（齿钉位于齿轮的平面上），让它与磨石上连接的针齿轮咬合起来。通过改变冕形齿轮和针齿轮的相对尺寸，你就可以将磨面需要的速度与不同河流的流速匹配起来。这种水车是已知最早的机械传动装置，因此代表了机械化最古老的根基。

尽管几乎可以从任何一处岸边浸入水流，甚至可以安装在停泊于水中的磨粉船侧面，下冲式（undershot）水轮的效率却低得可怜，而且其最简单的形式还面临着河流水位高低变化的问题。幸运的是，无须太多技术知识，就可以制造出一种功能和力量都强大得多的水车。罗马帝国陷落之后，在被认为是愚昧而迟滞的中世纪，上冲式（overshot）水轮在整个欧洲得到了广泛使用。尽管总体上的模样都差不多，上冲式水轮的运行原理却与原始的下冲式水轮彻底不同。

上冲式水轮的底部不是浸在水流中，而是被置于尾水渠之外，水通过一条斜槽被运送到轮的顶部。上冲式水轮扭力的来源并不是水流的冲击，而是水降落时释放的能量。这种设计的效率比低水位轮高出许多，可以获取到水位差中所蕴含能量的 3/4。在斜槽中安装一个闸门可以控制被引到轮上的流量，而如果用水坝将流水围成一个蓄水池，便可以把能量储存起来，等到需要时再使用（直到公元

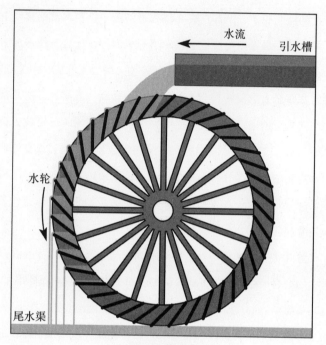

水流　引水槽

水轮

尾水渠

上冲式水轮

16 世纪，第一台竖直水车得到使用 500 年之后，这种技术才出现，但是在文明的重启过程中，人们可以直接跨越到这一步）。

驾驭风能在技术上要比利用水能困难得多，因此相关技术在我们的发展史上出现的也晚得多（不过，借助风力行进的帆船可追溯至公元前 3000 年）。水是一种密度比空气大得多的介质，因此哪怕是微弱的水流也携带着巨大的能量，使其成为一种哪怕用不完美的设计和低效的木头传动装置也能轻易利用的能源。水流可以用闸门调校，但是你控制不了风的强度，所以如果风力过劲，风车的叶片

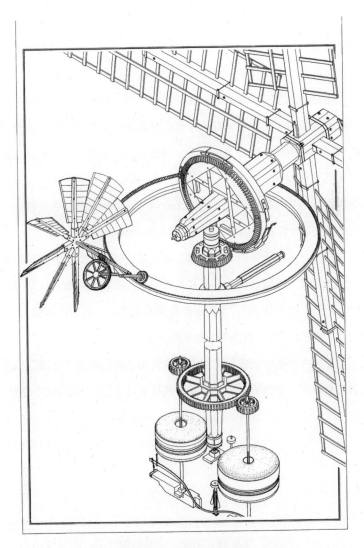

自动转向塔式风车。尾扇使主帆始终对准风向，
中央的主轴驱动着两套磨石

或者驱动机械就有可能损坏。因此，风车需要一个制动系统和控制叶片效能的方法，如使用可收缩的帆布。不过最根本的挑战，是风向总在改变，因此风车需要能够迅速掉转方向。

原始的风车可以安装在一根柱子上，整个结构由人工调整适应风向，但是对于更加强大的大型固定式风车，叶片必须安装在顶部的转塔上，而转塔能够自动绕着中轴旋转以面对风向。这里采用的原理巧妙而简单：在主帆后面加装一个与其成直角的小扇，小扇与塔顶边缘的有齿轨道相连，因此无论风向何时变化，只要吹过这一尾扇，它都会旋转并推动转塔再次完美地对准风向。[1]

实现这一切所需要的技术实力要比最大的水车大出许多。但是一旦你掌握了风能，你就不再被水源局限，你的生产地点甚至可以位于平原（比如荷兰），或者水资源不足的地区（比如西班牙），或者经常冰冻的地区（比如斯堪的纳维亚半岛）。

对风力和水力的驯服，加上畜役使用（我们将在"交通"一章中再次探讨）效率的提高，给我们的社会造成了巨大的影响，你在重启过程中，应当尽快达到这一水平。中世纪的欧洲是人类历史上第一个以对自然力的开发而非人类肌肉力量——苦力或者奴隶的劳

---

1 在19世纪晚期，风车的复杂程度已经到了令人叹为观止的程度，它们有了离心式调速器——在旋臂上向外摆的两个重球——的控制。调速器可以自动调节磨石的间距以适配不同的风速。今天我们会立刻把这种控制系统与蒸汽机联系起来。在蒸汽机中，离心式调速器的作用是当它转速过快时，关闭把高压蒸汽放进活塞的节流阀，但实际上，是詹姆斯·瓦特从风车的技术中把它照搬了过来。

为民供能

动——作为生产力基础的文明。蓄势于 7 世纪和 13 世纪的机械革命远远不只使用磨坊把收获的谷物磨成粉那么简单。水车和风车的强大扭力成为一种无处不在的力量源泉，其应用范围之广泛令人难以置信：压榨橄榄、亚麻籽或者菜籽获取植物油；驱动木头钻孔机；抛光玻璃；纺丝绸或棉花；或者驱动金属滚压机把铁锭压制成型。名为曲臂的基本机械构件将旋转运动转化为来回往复的推力，可用于锯木场、矿井通风或者从矿井及水淹的低地排水（荷兰人为此付出了巨大努力）。不过，也许用途最广的功能是转动一枚凸轮，使其不停地抬起并放下一个杵锤——非常适用于压碎金属矿石、加工熟铁、粉碎石灰石以制作农用石灰或者砂浆、敲打脏羊毛进行缩绒（也就是清洁并使其紧密厚实），或者捶打酿造啤酒用的麦芽浆、造纸用的纸浆、制革用的树皮以及制作蓝色染料用的菘蓝叶。

凸轮机制被用来提举杵锤长达 7 个世纪，在工业革命时期才被蒸汽驱动的版本替代。不过时至今日，它仍然存在于我们的轿车和卡车的引擎盖下面，以正确的次序打开和关闭着发动机的阀门（见"交通"一章）。

因此，有了合适的内部机制将最重要的转动转变为人们需要的运动方式，中世纪的水车和风车成为最早的动力工具。中世纪的世界或许并未实现工业化，但肯定是富有进取精神的。如果我们的文明发生了灾难性的崩溃，这种技术还会有机会重新得到应用，使人们迅速恢复基本的生产力水平。

任何文明都必须成功地驾驭热能和机械能。但是你该如何将一种能量形式转化为另一种？把机械能转化为热量是没有价值的琐碎小事——想象一下在寒冷的日子里摩擦你的双手——事实上，尽量减小摩擦力、将因为转化为热量而损失掉的能量降到最低是发动机润滑油和滚珠轴承的全部意义所在。不过，反过来将热能转化为机械能的能力就非常有用了。热能可以通过燃烧任意数量的燃料按需提供，而把这些热量转化为机械能的能力将使你不再仅仅依赖复杂多变的水和风，还能够制造用于机械化运输的电动装置。历史上第一种能够实现这种转化——把热量变成有用的运动——的机器是蒸汽机。

蒸汽机背后的核心概念可以追溯到一个年深日久的谜题。16世纪晚期的伽利略非常了解抽水泵最多只能把管道中的水抽取到约10米的高度。对此的解释是，空气本身也有压力，一种作用在地球表面的一切物体（包括水柱）上的力量。这意味着大气层本身也能被用来为你效力。你所要做的就是在一个内壁平滑而且装有能够自由移动的活塞的气缸内制造真空，外部的气压会有力地下压活塞。这种动作可以和机械装置连接起来，毫不费力地获得动力。问题是，你如何在气缸内不断制造出真空？答案是利用蒸汽。

把锅炉产生的热蒸汽导入气缸，然后使其冷却——水蒸气凝结成液态水时，它产生的压力骤然下降，无法平衡大气压。活塞在外部大气压力的推动下为你工作。你可以打开阀门让活塞回到原位，然后再次喷入蒸汽，从而重复这个循环。这就是18世纪最早的"火引擎"的基本操作原理，你可以在此基础上进行性能方面的改

为民供能

进，如增加独立的冷凝器，从而不必反复地冷却和加热气缸。但是假如你能够建造出更加坚固的气缸和锅炉——也许是利用回收来的材料，或重新发展起来的冶金学技能，就能制造出更加强劲的机器。不再利用蒸汽在气缸里凝结时的收缩效应，而是把蒸汽聚集到高压状态，利用高压气体的膨胀力——让煮咖啡机咝咝叫的力量——推动活塞先在气缸内朝一个方向运动，再朝另一个方向运动。

蒸汽机的主输出（和任何基于活塞的热力发动机一样，如我们将在"交通"一章中探讨的汽车发动机）是活塞的来回运动。这很适合从矿井中泵水，但是对大多数应用而言，你需要把这种往复运动转换成匀速的转动。我们在探讨风车时便已经了解到，曲柄就可以完成这种转换，产生一种适于推动机器或者车轮的动作。

你或许认为蒸汽机代表了一种过渡型技术水平，你会渴望跨越它径直发展到我们将在后文详细探讨的内燃机或者汽轮机。但是相对于更加先进的机器而言，蒸汽机有两项重大优势，所以你应该复现一下这个发展阶段。首先，它们是外燃机，不需要精炼过的汽油、柴油或者燃气来驱动——它们远没有这么讲究，其锅炉可以用任何可燃物来加热，包括碎木头和农业废料。其次，比起更加复杂的机器，制造简单的蒸汽机需要的机器工具和材料可以原始得多，工程方面允许的误差范围也大得多。我们将很快再次探讨机械能，不过，现在我们先来看一下如何重新启动当代世界的一项最基本的特征：电力。

电力

　　电力，或者更确切一点来说，电磁学领域里的一整套现象，是一种非常重要的关键技术，你在重启文明的过程中应当尽快、尽全力地朝这一方向发展。电磁学的发现是一桩具有历史意义的伟大例证，证明了一个偶然发现的全新科学领域会如何向人们呈现出一系列的相关现象和开发的可能性。人们从这些前所未见的现象中，开发出了各种技术应用，而这些应用又反过来开启了基础科学研究的新途径。

　　人类最早生产出的电力是稳定而持续的电流，这适合用来制造电池，满足比较实用的需求。电池的制造方法简单得令人吃惊。要想生成稳定的电流，你所需要的只是把两种不同的金属浸泡在被称为电解液的导电液体或糊状物中。[1] 所有金属对电子的吸引力都是一定的，当两种不同的金属被放在一起，其中一种就会把电子让给另一种吸引力更强的金属，在连接两者的线路中形成电流。所有的电池，不管是手机、手电筒，还是起搏器里的，内部都蕴含着一种化学反应，而只有当电子流动在回路中并为我们工作时，这种反应才会发生。两种金属活泼程度的差别决定了产生的电势差，或者电压。

　　将银或者铜与铁或者锌等较为活泼的金属搭配，可以产生比较

1　假如你安装了旧式的牙齿填充物，你就可以在自己嘴里展示这种方法。咬一片铝箔，让它作为第二种金属与填充你的牙齿的银汞合金反应，你自己的口水便是电解液。不过这样尝试的时候要小心，因为产生的电流会直接被引至你被补的牙齿中的神经末梢！

合理的电压。最早的电池伏打电堆建造于 1800 年，是将银盘和锌盘交替堆叠，盘片之间用浸满盐水的硬纸板隔开做成的。在伏打电堆被发明出来之前几千年，人们就已经知道了银、铜和铁的存在，而尽管锌较难分离，它还是存在于古代的青铜合金当中，而且在 18 世纪初期就有了它的单质。电线可以通过卷或者拉质地柔软的铜来制作。所以在古典时代，似乎并没有什么无法逾越的障碍阻止人类发现电。

事实上，也许那时的人真的发现过电。

20 世纪 30 年代，几件有趣的人工制品在伊拉克巴格达附近的一处考古现场被挖掘出土。它们是几个大约 12 厘米高的陶罐，年代为安息帝国时期（约公元前 200 年—公元 200 年）。不过不同寻常的是这些陶器里面的东西。每个罐内都有一根铁棒，四周围着一张被卷成圆柱形的铜皮，而且有迹象表明，罐子曾经装着醋一类的酸性液体。两种金属保持着互不接触的状态，罐口被绝缘的天然柏油封住。有人猜想这种古代遗物是电化学电池，或许曾被用来往珠宝上镀金，或者说不定令人刺痛的电流在当时被认为有医疗功能。"巴格达电池"的复制品确实成功产生了大约半伏特电压，然而任何有关电镀制品的证据可以说都很弱，而且对这些神秘陶罐的解读至今存在着争议。但是，假如制造它们的目的真的是提供电力——这种可能性确实是存在的——那么，它们要比伏打电堆的出现早了 1 000 多年。

如果把电子从负极剥离并传送到正极的化学反应是可逆的，你就能够制造出一种格外有用的物品：可充电电池。最容易从零开始制造出来的可充电电池是铅酸电池，这在今天的汽车里面很普遍。

每个电极都是一张铅板，浸泡在硫酸电解液中。两个电极都会与硫酸反应生成硫酸铅，但是在充电过程中，正极变成氧化铅（铅锈），而负极变成金属铅，这个过程在放电过程中恰好是可逆的。每一个这样的单元可以产生略大于 2 伏特的电压，因此 6 个这样的单元串联起来就可为你提供汽车电池[1]的 12 伏特电压。

不过电池的问题在于，尽管它们是绝佳的便携动力源，驱动着我们的笔记本电脑、智能手机和其他现代装备的运行，但你无非是在开发已经存在于不同金属中的化学能（正如同燃烧一段木头不过是在碳与氧气反应时释放化学能）。你一开始需要投入大量能量精炼用于反应的金属，或者用另一个电源为可充电电池充电。电池是电力的仓库，而不是源泉。

在当代生活中我们如此依赖的电力的特征，是 19 世纪 20 年代以来偶然发现的一系列现象。把一个罗盘放在从电池引出电流的电线旁边，你会注意到指针的偏转。电线在其附近产生的磁场盖过了地磁场，因此罗盘的指针改变了方向。如果把电线紧紧缠绕在一根铁棒上，你可以最大限度地实现这一效应。电线产生的小范围磁场加和起来，形成了一个强大的电磁场。你可以用开关来启动或者关闭这个电磁场，并用它永久性磁化别的铁块。

那么如果电流可以制造磁性，反之是否亦然呢：磁铁可不可以

---

1 单个电化学单元连接起来构成的组合体的名称（battery）源自军事行话：几个重型火器组成的炮位叫作炮台（artillery battery）。

在电线中引发电流？确实可以。一块被来回拉动或者旋转的磁铁，甚至是一个被开启和关闭的电磁场，都会在附近的线圈里引发电流。磁场越过电线的速度越快，产生的电流越大。所以电和磁是密不可分、相互交织的对称力，就像一个名为电磁力的硬币的两面。

磁能生电这一简单的观察结果，为人类揭开了一笔巨大的当代技术财富：利用磁铁，运动本身可以被转换为电能。你不再受限于需要昂贵金属且会逐渐损耗的电池：通过在线圈内旋转一块磁铁（或者反之），你可以随意生产出电力。反过来也是可行的：电磁力可以造成运动。如果你把一块强磁铁放在电线旁边，当有电流经过时，你会注意到电线的抽动。这是电动机效应，经过些许试验，你便能搞清楚如何安排电线和磁铁（或者甚至是电磁场）来驱动快速旋转的轴。当今，电动机被用来驱动工业机械、锯木及磨面，你自己家里就有几十个电动机：它们能够让真空吸尘器工作，还转动着洗手间里的排风扇以及播放器里的 DVD 碟片。无处不在但实际上根本不会被注意到的电动机极大地降低了我们的劳动强度，使我们得以享受今天轻松的生活。

利用电磁引发运动的原理，你可以制造仪器，来精确测量电流的基本属性：电流与电压分别有多大。（最早的电学家曾试图通过评估电击舌头时引起的疼痛来测量电流！）我们将在"最伟大的发明"一章里介绍，可靠地量化一种新的现象，是理解它并且将它应用于技术目的的关键性第一步。

电灯在我们的生活中也扮演着重要的角色。它根据我们的需要提供照明，从根本上改变了我们的睡眠模式和工作习惯。我们的建筑和街道如今闪耀着成千上万颗小太阳。最简单的电力照明手段是弧光灯，发明于 19 世纪早期，由伏打电堆供电。它本质上就是两个碳电极之间持续不断的火花———一种人造的闪电。弧光灯的问题是它亮得让人无法忍受，因此不适用于室内照明。尽管用电生光很简单，但是用电产生出合适的亮度却非常困难。

在电灯泡的设计中用到的物理现象很简单。利用材料的电阻，你可以用电流为一根细丝加热。材料变热之后就会自己发光——白炽光：火焰里的铁棒会呈现玫瑰红色，然后变成橙色、黄色，最终发出明亮的白光。但是魔鬼存在于细节中。如果一根碳丝或者金属在空气中发出白色的炽光，它就会迅速与氧气反应并被烧光。你可以把灯丝放在密封的玻璃泡内，并用真空泵吸出所有空气，但是炽热的材料在真空中会不断气化。在灯泡中充入低压的氮气或者氩气等惰性气体可以很好地解决这个问题，但你还是需要进行一些研发，用不同的碳化材料或者细金属丝进行试错，才能最终找到一种可靠的灯丝。

发电与配电

我们已经看到了如何把运动转化为电力，但是一开始又该如何产生那种转动呢？最直接的解决方案是在你建造的原始风车或者水车上安装发电机。发电机在转速达到每分钟几百转的时候工作效果最佳，所以你需要一个齿轮或者滑轮与传送带系统，把主轴高扭力的低速旋转转化成发电机转子的高转速。重启中的文明可能会用原本不同时代的技术拼凑起一盘蒸汽朋克大杂烩，样貌传统的四帆风车或者水车不再是用来驾驭自然力磨面或者驱动杵锤，而是向本地电网提供电力。

2005 年的一项可行性研究计算出，把传统四帆风车连接的磨石换成变速箱和发电机后，每年可以生成超过 5 万千瓦时的电力——足以供应 4 套我住的那种公寓。不过说到传统方式所能够取得的成效，或许最激动人心的例子来自美国发明家查尔斯·弗朗西丝·布拉什（Charles Francis Brush）。1887 年，他在自家土地上修建了一座塔，支撑着一部宽达 17 米的风扇，风扇由 144 片扭曲的薄雪松木动叶片构成。风扇能够产生超过 1 千瓦的电力，他用这些电来点亮他宅邸里面的 100 来枚白炽灯泡——白炽灯泡在当时也是尖端科技，任何多余的电能都存进了地下室内 400 多个可充电电池里。

这种设计的问题是，用来增加转速的额外齿轮系统会浪费大量能量。对于风车的解决方案是从根本上改变设计。宽大的帆在捕捉到大量风力的同时也产生了很多乱流和阻力，因此不可能转得太快，现代风力涡轮机不再使用这种风帆，而是舞动着 3 条细长的叶片。这种设计基于在发展航空器推进器的过程中得到的空气动力学知识。尽管较小的表面积意味着它们很难在低风速下转动起来，但是在劲风当中它们可以旋转得相当快，把更多的能量转化为电能。

　　水车的能量输出也是有限的。水流中可以获取的能量由流量和水头决定。流量是单位时间流过的水量，而水头是水落下的高度——导流渠和高水位轮的水斗尾流之间的距离。由于最大水头受到水轮直径的限制，水车有着严重的局限，而且你建造的水车直径不能超出 20 米太多，否则它就会变得太沉重，转动时效率变低。

　　不过水力涡轮机就没有同样的局限。世界上最大的水电站——长江三峡电站的水坝在储水池顶部和涡轮机之间能够提供高达 80 米的水头，因此能够输出惊人的能量。

　　最适于高水头、低流量水流（也就是经由窄管流出的高压水流）的涡轮机是冲击式水轮机。它的构造是在轮毂的外缘安装上一圈水斗（看上去有点像很多排列成环的勺子）。关键是不要让水滞留在每个水斗中，而是被巧妙地掉转方向后重新在前面被泼洒出去。每个水斗都被设计得像是曲线平滑的桶，一道锐利的脊从中间凸起，将其分成两半，因此正面冲进水斗的水流被脊干净利落地分成两部分，在两侧的弧面中打个回旋，重新从前方冲出。这种方向的掉转向水斗施加了巨大的力量，使涡轮机旋转起来。随着轮毂的旋转，水流依次击中每一个水斗。

　　要是情况恰巧相反，你能得到的水流是低水头而高流速的，双击式水轮机就更加适用了。水被导引到水轮的顶部，水轮上安装着呈辐射状排列的弧线形短叶片。水流降下时会冲击到叶片的侧面，然后从下方流出时还会再次冲击。双击式水轮机非常像传统的水车，但重要的是，它的动力并不是落入桶中的水的重量，而是水流冲击

为民供能

到弯曲叶片背部时的力量。

冲击式水轮机和双击式水轮机都能很容易地用原始金属加工工具建造出来。在当今，作为适合当地生产水平的技术，两者都被推荐给发展中国家。它们正是那种有助于后末日时代社会重启的技术。

尽管风力和水力涡轮机都很高效，而且利用的都是可再生能源，但我们现在使用的大部分电力却不是由它们生产的。事实上，蒸汽时代从来不曾真正结束。我们不再将蒸汽机用作机器或者车辆的主要驱动力量，但是全世界使用的电力当中有超过 80% 是用蒸汽发出的：燃烧煤炭或者天然气，或者在核反应堆中分裂不稳定的重原子，用产生的热量去烧锅炉。

我们已经探讨过，热量的生产简单直接，但是把热能转化为运动就比较困难了。蒸汽机可以为你做到这一点，然而活塞的缓慢移动无法高效地转化为适用于发电机的高速转动。

解决方案是蒸汽轮机。这种机器基于水轮机的成功设计，但是针对高压蒸汽进行了优化。从蒸汽流中获取动力的方法有两种，要么将蒸汽流喷射到叶片的背面，用蒸汽的动能推动它们（就像冲击式或者双击式水利涡轮机一样），要么利用曲面偏折水的方向，使其被反作用力推向前方，就像飞行器的机翼一样。蒸汽与水的关键区别是蒸汽会膨胀，膨胀时流速增大但压力降低，因此大部分蒸汽轮机在主轴下端蒸汽开始膨胀之处还会安排一个高压蒸汽与冲击转子作用的步骤。这种多级汽轮机能够以非常高的效率产生巨量电力，开创了当今的电力时代。

　　不过要想让任何一种涡轮机派上用场，你必须能够把产生的电力输送到需要的地方。

　　尽管你可以拼凑起一台提供稳定的直流电（就像电池输出的电力）的发电机，但更加容易制造的还是在转子旋转时产生快速循环交流电的发电机。线圈中生成的电压在正负两极之间来回转换，在这种电压的驱动下，电流也不停地变换着方向，像快速起落的潮水一样来回奔突。相对于直流电，交流电有一项巨大的优势：对于如何把电力从产生它的发电厂输送到需要它的工业设施或城镇这个问题，它提供了一个优雅的解决方案。

　　只要你开始把电子输送到金属线缆构成的配电网络，就会遇到一个基础性问题。电力传送的能量值等于电流乘以电压。如果你使用大电流，电线中不可避免的电阻就会使电线升温，浪费掉大部分你生产出的宝贵能量（另外，在水壶、烤面包器或者吹风机等电器的加热元件中，电阻这种材料特性被有意地最大化了。而如果你找到了一种热到发亮也不会被烧掉的细丝，你就破解了电灯泡的基本原理，这是我们已经探讨过的）。供应高能量水平电力的唯一选项是保持低电流并升高电压。这个选项的问题在于高压是非常危险的：适用于架在乡间电缆塔上的输电线路，但是你肯定不愿将高压电接入你家中。交流电的美妙之处是你可以利用变压器轻而易举地升高或降低电压。

　　从本质上来讲，变压器就是两个巨大的线圈并排套在一个环扣形铁芯的两侧，因此第一个线圈激发的磁场会穿过第二个。根据我

为民供能

们在前文介绍过的感应原理，流经主线圈的交流电制造出一个迅速涨落的电磁场——每秒钟扩张并坍缩超过一百次，而这个电磁场继而在次级线圈中引发交流电。动用聪明才智的地方到了。如果你在次级线圈里缠的圈数大于主线圈，生成的电压就会升高而电流会减小：变压器就像个兑换电流和电压的外汇兑换所。所以你可以利用变压器更改配电网络中不同阶段的电压，从而把大电流的电阻损耗和高电压的安全风险都尽量降到最低。

电力的好处是，你不必再像我们 19 世纪之前的先人一样，把所有的工业都放在多风的山顶、水流湍急的河边，或者森林或煤矿的产品容易运到的地方。你只需要把电厂安在这些地方，然后用电线把电能输送到任何需要之处。这是我们已经习以为常的事情。但仅仅在 1 个世纪之前，一个家庭所需的全部能量还必须以实物的方式运送过去：点灯用的油、做饭或取暖用的木炭或者煤炭——维多利亚时代的房子外面都有一个小房间大小的煤池，用来容纳供整个冬天取暖的燃料。如今，电力直接在家里的各个地方被引出来，根据需要随处供能，清洁、安静，也不需要任何存储空间。

对于短距离输电或者把电能存储在电池组中，直流电是一个足以胜任的选项——比如由风车和家庭构成的小规模当地电网，便可以在灾难过后立刻让社会站稳脚跟。但是如果你在后末日时代的文明复兴过程中，希望享受到规模经济以及大型集中式电厂的好处，你就需要开发出交流电配电网络。在一个社会有可能受制于能源不足的世界里，你必须尽可能充分地利用燃料释放的热量。热电联合

（CHP）工厂解决的，就是电厂通过冷却塔排放出巨大热量，而周围城镇里的建筑却要烧掉更多燃料取暖的荒唐现象。瑞典和丹麦在CHP的利用方面处于世界领先地位。驱动涡轮机发电之后，他们还会将热蒸汽用于其他目的，如为当地建筑供暖。为涡轮机供能的燃料不仅有天然气，还有废木料、来自可持续林的木材，或者农业废料等生物燃料。发电和产热两项加起来，效率可接近90%。

在重启过程中，与此类似的景象或许是，畜力货车甚或是燃气改造过的卡车拉着成批的矮木林木材和来自周围农村的农业废料，运到热电联合工厂。而热电联合工厂则用尽全部获取的能量，为周围的社区和工业供电及供热。下面让我们看一下这些运输技术。

交通

"汽油发动机是纯粹的魔法。想象一下，取用一千个不同的金属块……如果你能以某种特定方式把它们全都组合起来……然后如果你给它们一点润滑油和汽油……如果你按下一个小小的开关……忽然之间那些金属块全都有了生命，它们会低吟、会哼唱、会咆哮……它们能让车轮以非凡的速度嗖嗖地转起来。"

——罗尔德·达尔，《世界冠军丹尼》(1975)

一个国家的路网维护非常昂贵和耗时，在后末日时代的世界里，道路退化的速度将会快得令人吃惊——哪怕繁重的滚滚车流已经不复存在。在气候温和的地区，无情的冰冻——消融循环将一步步扩大小缺口和裂缝，被吹进空隙的种子会迅速长成健壮的灌木和树，它们的根则会进一步粉碎薄薄的沥青路面。

事实上，我们当代的柏油马路尽管平坦得可以在上面跑出70迈的速度，但其表面还不如古罗马人工修造的马路耐久。那些所谓的"公共道路"（viae publicae）表面是厚厚的一层坚硬铺路石，其中很多在铺就它们的文明溃亡1 000年之后仍然能够通行。我们现在的交通网络就不是这样了。用不了多久，甚至是公路干线——旧文明的动脉——也会变得完全不能通行。哪怕是为了探索死去的城市，你也需要适用于崎岖地面的越野车辆：运动型多用途汽车（SUV）第一次变为在城区行驶的必备车辆。

坚固的铁路钢轨比公路更加耐久，但是也会毁于锈蚀这种恶疾。不过在灾难后的最初几十年里，陆地上的长途贸易可能还是最容易通过古老的铁路线来实现，只要你不让它们被植被覆盖。

大部分现代交通工具的内部机理都是内燃机：它驱动着家庭轿车以及火车和轻型飞行器。但是机械化车辆在支撑社会运行方面也发挥着最重要的作用，如拖拉机、联合收割机、渔船和货运卡车。你会希望让这些车辆尽量长久地运行下去。让我们首先看一下如何提供机械化车辆需要的基本消耗品——燃料和橡胶，其次再探讨如果社会无法维持机械化，更进一步地退化，又能有哪些退而求其次的选项。

保持车辆的运行

我们很快还会讨论汽油和柴油发动机稍有不同的运行方式，但是目前只要了解到它们需要不同的液体燃料就足够了。汽油和柴油都是液态的碳水化合物混合物——和"物资"一章中描述过的植物油分子类似。构成汽油的碳水化合物大多有着5~10个碳原子长的骨架，而柴油略重一些，化合物分子更长，骨架由10~20个碳原子构成，因而这种燃料也更加黏稠。我们之前已经探讨过，文明崩溃之后，在加油站、仓库或者废弃车辆的油箱中，这些液体燃料还会有着相当充足的存量。但是用不了多久，幸存者就将需要自己生产燃料来保持机械化农业或运输。

今天这些燃料是通过对原油的处理制造出来的。让原油产生汽油和柴油的方法比较直截了当，而且可以小规模地进行。分离不同液体成分的方法是分馏，其基本原理就和发酵后将酒精从水中蒸馏出来的方法一样。以矾土（比如粉碎后的浮石）为触媒加热时，较大的碳水化合物片段还可以被"破解"为更有用的小分子燃料。

保持燃料供应的问题并不在于化学处理的难度，而是在没有先进的陆上及离岸钻井设备的情况下，从地球的内部获取原油。不过在没有石油供应的情况下制造汽车燃料也是有可能的，后末日时代的社会也许能够从今天的绿色运动那里学到很多东西。正如鲁道夫·迪塞尔（Rudolf Diesel）在 20 世纪初期所说的："动力可以利用太阳的热量制得，而它一直都可用于农业目的，哪怕是在所有天然的固体和液体燃料储备都耗尽之后。"

汽油的一个可靠的替代品是乙醇（我们在"食物和服装"一章中已经介绍过，可以用发酵的方法制造这种物质）。巴西在酒精燃料汽车方面领先于世界：其道路上的每一辆车都靠乙醇混合液行驶，从以 20% 的比例添加进汽油的乙醇到 100% 的纯乙醇燃料。甚至在美国，一些州也要求所有的汽油都要含有最高 10% 的酒精，使用这种燃料不需要对发动机做任何改造。事实上，第一种被量产的汽车福特 T 形车就是被设计得既可以用化石燃料汽油，又可以用酒精做动力。美国的数家酿酒厂曾经用农作物制造汽车燃料，但后来的禁酒令中断了这种行为。

若要大规模生产乙醇为交通系统提供燃料，需要解决的问题是如何向发酵微生物提供足够的精制糖。作为巴西可持续生物燃料经济根基的甘蔗等作物，只能在热带地区生长。所有的植物中都有糖，植物赖以支撑其结构的一束束纤维素就是由糖构成的，但是纤维素太坚韧，而且化学性质稳定，至关重要的糖被紧紧锁定其中，无法获取。与其试图把这样的生物材料处理成适用于发动机的精炼燃料，不如让它们在生物分解设备里腐烂产生沼气（见第 74~75 页），或者在静态电厂里燃烧加热锅炉。

不过灾难之后，柴油发动机的轰鸣声倒是几乎肯定还能被人听到。柴油发动机功能相当齐全，可以用植物油处理而成的生物柴油做动力：在碱性环境中（通过添加氢氧化钾或者氢氧化钠等碱液，我们在"物资"一章中介绍过），让植物油和最简单的醇——甲醇反应，就可制得生物柴油。甲醇又称木醇，可以通过干馏木材制得（见第 118~119 页），不过发酵得来的乙醇也可用于同样目的。任何残余的甲醇或者碱液，以及并不需要的副产品甘油和脂肪酸盐，都可以通过在生物柴油中通入水，让它们溶解到水中，最后在使用前加热彻底除掉水分而得到。

几乎所有的植物油都能够用于此道。在英国，油菜是一种很好的油料作物，因为油菜籽每英亩的产油量很高（高于向日葵或者大豆等

交通

其他原料）：这些油可以很容易地从种子中榨出来，剩下的秸秆则是营养丰富的动物草料。需要的话，动物脂肪也可以被利用。把动物的碎肉或者尸体放在水中煮沸，让脂肪溶解出来浮到水面，待冷却后刮下来便是动物油脂。动物油加工成生物柴油的方法和植物油一样，但是较长的碳氢链意味着这种柴油比较容易在寒冷的天气中凝固在燃料箱里。

这些生物燃料的问题是它们都依赖从粮食到燃料的转化，哪怕只是为了让一辆小车跑在路上，也要消耗掉至少一英亩的农业产出。根据恢复的具体环境，幸存者人群可能会面临食物短缺。在这种情况下，车辆能否靠非食用源驱动行驶呢？

所有内燃机燃烧的其实都是气体，而不是液体燃料。汽油或者柴油先被变成细密液滴构成的雾，继而汽化之后才会在气缸中燃烧。因此，让机械化交通保持运行的另一个选项是将可燃气体从预加压的气桶直接送入发动机。这就是现代压缩天然气或液化石油气车辆能够运行的原理。

灾难之后，将气体以 100 倍大气压的压力泵入气罐或许太有挑战性，一个低技术替代方案是在车辆上加装坚韧的气袋。两次世界大战期间，由于燃料的短缺，这种橡胶封口的编织气球非常普遍，里面盛放的是煤气或者沼气，2~3 立方米气体就相当于 1 升汽油。

一个略微不那么笨拙的选项是一边行驶一边制造燃气——方法是制造以木材为动力的汽车。

这个主要原理叫作汽化（gasification）。为了理解这个原理，点燃一根火柴然后凑近观察，你会注意到，明亮的黄色火焰并未直接舞动在慢慢变黑的木棍上，二者之间有一个明显的空隙。支持火焰燃烧的主要其实不是火柴棍本身，而是木头中的复杂有机分子受热分解时产生的可燃气体，而只有当这些可燃气体遇到空气中的氧气时，才会化作火焰。这就是我们在探讨干馏木材并把蒸气凝结成多种有用液体时，提到过的高温分解过程，但是为了向发动机供应燃料，我们必须尽量提高可燃"发生炉"气体的转换率，并让热解中的木头与火焰之间的距离尽可能地比火柴燃烧时大。在这些气体被导入发动机，最终与氧气混合并在气缸中发生有用的爆燃之前，一定要防止它们燃烧。

在第二次世界大战期间，全欧洲有接近 100 万辆汽化器驱动的车辆保障着基本民用交通的运转。德国大众公司生产的一款甲壳虫巧妙地把全套木材汽化设备装进了车体，只有引擎盖上用于填充木材的一个小孔表明了它不同寻常的动力源泉。在 1944 年，德军甚至装备了 50 多辆木材汽化器驱动的虎式坦克。

汽化器本质上就是一个顶部有盖的气密柱，可以用回收来的材料建造——比如把一个镀锌垃圾箱放在铁桶和普通管道设备上。新的木头从顶部送入，在慢慢沉降的过程中先是被干燥，然后被内部的热量裂解，并且在有限的氧气中部分燃烧，以产生需要的工作温度。重要的是，柱桶底部形成的一层热木炭会与热解发生的蒸气和气体发生反应，完成它们的化学转化。最终的发生炉煤气从底部被导出，其中富含氢气、甲烷和一氧化碳等可燃气体——其中一氧化碳是有毒的，所以务必在通风良好的区域内操作——此外还有含量可达 60% 的惰性氮气。在送进气缸之前，要先冷却以凝结水蒸气，否则水蒸气会令发动机黏滞。

3 千克木头大约（取决于其密度和干燥程度）相当于 1 升汽油，因此衡量发生炉煤气汽车燃料消耗的单位不是英里每加仑，而是英里每千克——战争年代的汽化器曾经达到过大约 1.5 英里每千克。

燃料并不是汽车行驶所需的唯一消耗品。人们还需要橡胶来制造在行驶途中不断被磨损的轮胎，以及充气之后像甜甜圈一般用来减震的内胎。

为了实现实际用途，要用硫化的方式调整生橡胶的材料性质：和少许硫黄一起被熔化，然后倒入模具中定型。在这个过程中，橡胶的卷状分子链在硫的桥接作用下互相勾连，形成坚韧而有弹性的网状结构。这样形成的材料几乎是坚不可摧的，而且比天然乳胶还有弹性，遇热不发黏，遇冷不发脆。

橡胶的问题是，硬化之后，无法经过简单熔化被重新定型成新产品。要想生产出足够多纹路清晰的新轮胎，或者是阀门和管子等其他用到橡胶的产品，后末日时代的社会不可能依赖对剩余物资的再利用，而是需要找到新的橡胶供应。

传统上，橡胶是用从三叶橡胶树上割出的乳胶制造的，而这种树仅仅生长在赤道附近气候潮湿炎热的狭窄带状区域内。另一种可能的来源是银胶菊的茎、枝和根。和三叶橡胶树不同，这种矮小的灌木原生于半干旱的得克萨斯和墨西哥高原。第二次世界大战期间，日本入侵东南亚之后，同盟国失去了 90% 的橡胶供应，银胶菊成为最主要的橡胶原料。对处于复原早期阶段的人类社会来说，制造合成橡胶的化学方法过于艰难，因此万一在宽限期过后，之前的橡胶供应源已经消减，而你又没有生活在天然产区附近，重新建立长途贸易将成为你的首要选项之一。

即便你能够满足自己的燃料和橡胶需求，你也做不到让车辆一直行驶下去。所有剩余机械的零件都会毫不留情地磨损、老化，尽管你可以在一定时间内拆卸并重新利用还能找到的零件，但是你必须开始自己制造。要想制造现代发动机的替代品，你需要掌握怎样合成适当的合金这种高级冶金学知识，并且拥有能够在严格公差范围内制造零件的机床——这是我们在"材料"一章中探讨过的内容。如果在最后一台能够运行的发动机失效之前，人们没能重新掌握这些能力，社会就会失去现代化并且进一步倒退。在这种情况下，有什么备用方案可以保持至关重要的交通和农业的继续运行？

失去了机械化该怎么办？

如果机械化衰退并消亡，畜力就必须被重新利用起来。历史上第一种被用作役畜，为人们拉车、耕田、播种的动物是牛——阉割过的公牛——一旦机械化的拖拉机停止运作，人们可以再次借力于它们。夏尔马等役用马的祖先曾经背着全副武装的战士驰骋在中世纪欧洲的战场上，它们比牛更加快速、强壮，也不容易疲劳。但是如果你想要用马替代牛，你就必须重新发明正确的挽具——一种古代和古典文明都没能抓住要领的关键辅助器具。

　　牛的上轭方法相当简单，一根木梁架在它们的脖子上，脖子两旁各有一根木棍保持木梁的位置，或者用放在角前方的头轭。不过马的身体形状决定了，它们必须用一组带子进行套轭。最简单的套轭系统是项前肚带挽具，一根带子经过双肩上方，绕过马粗大的脖子，另一根带子绕过肚子下方，承接负载的点位于背部上方。这种套轭方式在古代应用普遍，许多个世纪里，亚述、古埃及、古希腊和古罗马的双轮马车使用的都是这种方式。但是，这样的挽具完全不适合马的解剖结构，根本无法用于犁地之类的繁重工作。症结在于前面的带子勒住了马的颈静脉和气管，因此如果马拉得太用力，实际上会勒死自己。解决方案是重新设计挽具，改变马的施力点。

　　颈圈挽具是一个有衬里的金属或者木头环，能够妥帖地绕在脖

一旦机械化失传，这种奇怪的马拉汽车组合或许会变得很普遍

子上，拖拽连接点不再位于颈部后方，而是体侧下方，并最终把负载均匀分布到马的胸部和肩部。这种符合解剖学特点的颈圈——人类工程学设计的一项早期应用——是在公元 5 世纪由中国人开发出来的，但是直到 12 世纪初才被欧洲人广泛采纳。它使马可以使出全力——比起使用不合适的旧式挽具，马能够多使出 3 倍的牵引力——因此，以马为动力的耕作成为中世纪农业革命的核心。

动物牵引力和残存车辆的组合会形成一幅奇特的景观。失效的汽车上还能够使用的后轴和轮子，可以回收改造成木边马车的基础。更简单的方法是把汽车切成两半，丢弃带着不能运转的发动机的前半部，保留后座和后轮。可以再加上一对脚手管作为套驴或者套牛的车臂。这样的拼凑技巧在人类失去机械化之后可能会变得很普遍。

然而，恢复使用畜力意味着要把部分农业产品用来喂养牲口，而不是供人类食用。在英国和美国畜力农业应用的高峰期，出人意料的是，这最晚到 1915 年左右才发生（尽管当时移动蒸汽机已经存在了 50 年，而且也有了以汽油为动力的拖拉机），当时有 1/3 的耕地被用来养马。[1]

1　这种机械化崩溃之后的技术衰退以及动物牵引力的紧急重启，在最近是有一个先例的。从 20 世纪 60 年代早期开始，随着卡斯特罗革命的爆发以及古巴成为社会主义国家，这个岛国的农业系统被苏联和东欧国家提供的农业机械和供给改变了。但随着苏联在 1989 年解体，古巴突然失去了化石燃料和设备的进口供应，面临着交通、机械化农业以及化肥和杀虫剂制造能力的全国性崩溃。该国被迫迅速重新发展大量的畜力来取代 4 万台拖拉机，并且启动了紧急的繁育和训练计划。在不到 10 年的时间内，为了让农田继续得到耕作，古巴增加了差不多 40 万头牛，马的数量也在恢复中。

交通

除了为拉动农具和路上交通提供动力，为了重新开展渔业和贸易，开拓海洋也将是首要任务之一。如果没能保持住机械化，你就不得不仰赖帆船了。

任何人只要见过室外晾衣绳上晾晒的床单随风鼓动的样子，就能够凭直觉猜想出船帆的基本样式。在船中央竖一根立柱做桅杆，在其顶端以和龙骨垂直的方向吊一根横梁作为帆桁。从帆桁上悬下一张巨大的帆面，用绳子固定住底部，你便拥有了一艘横帆帆船。在历史上，多个文明曾经各自独立发明了这种帆船。帆的作用是捕捉到从后方吹来的风，哪怕是最简陋的船也可以在风的推动下顺利前进。但是凭借这种装备，你的航向与风向夹角不可能接近 60 度，因此你只能听命于复杂多变的风向。

一种更加复杂的设置是纵帆。这种帆不再与船体垂直，而是沿着龙骨的方向斜挂在桅杆一端引出的一根斜桁或者绳索上。这种装备的帆船的机动性优良得多，而且能以比横帆帆船更加刁钻的角度御风航行——现代帆船能够以 20 度的夹角切入风中，不过大多数大型帆船同时装备有两种帆。纵帆可以追溯到罗马帝国在地中海航行的年代，不过一直到了始于 15 世纪的航海大发现时代才确立了自己的地位。巨大的欧洲探险船以葡萄牙人和西班牙人为先驱，在纵帆的推动下，跨越大洋寻找遥远的新大陆，设立远距离贸易路线。

如果你在风中以倾斜的角度张开纵帆，一种全新的效应就会出现。帆被风吹得向外鼓起，产生了类似于翼板的效果——流经弯曲表面上方的气流被弹开，在帆的前方形成了一个低压区域。纵帆不像横帆那样被风推动着在水中前进，而是被这种气动升力吸向前方。因此，在并不全然理解物理原理的情况下，1522 年费迪南德·麦哲伦（Ferdinand Magellan）的探险成为第一次利用空气动力学原理的环球旅行，而这也正是机翼和反应式涡轮机背后的原理。

不过，使用纵帆来捕捉吹过船的风会引起一个稳定性问题，船只有被吹翻并倾覆的危险。解决方案是在低处装上压舱物，让船能够自我扶正，以及在船壳下方加装龙骨，龙骨的形状往往像一个上下颠倒的鲨鱼鳍，能够抵抗帆带来的令船倾斜的力量。不过如果你能够控制好这些相互制约的力量，仔细调整索具，让纵帆的弧度恰到好处，那么翼板效应背后的物理原理带来的后果将令你大吃一惊：它们可以跑得比被风直接推动还要快。

如果没有回收到任何可用的船壳，你就只能自己制造了。传统的造船法是把木板纵向地固定起来形成框架，用植物纤维和松树脂填堵缝隙，防止漏水。或者如果你能回收或者熔炼足够的熟铁或者钢板，你就可以把它们焊接到一起。帆无非就是大幅的织物，是"食物和服装"一章中介绍过的织造技术的一项应用。制造帆时要采用平织法，记住任何织物在被沿着纬纱方向拉拽时最强韧，因为纬纱本来就比经纱直，如果沿着对角方向拉伸，材料就容易变形甚至可能损坏（现在不妨拿你衬衫上的一小块试试）。与此类似，把一切连接到一起的绳子的制作方法是，先把纤维纺成纱，然后纱拧成股，股拧成绳，如果有必要的话，绳还要再被拧成粗缆。控制帆所需要的滑轮和索具模块与用来在建筑工地的脚手架或者吊车上吊起重物的一样。

我们希望用不了太长时间，恢复中的文明就能重新掌握金属加工和机床的制造。在一个没有发动机的世界里，一种简单的机械化个人交通方式是自行车。曲柄是脚踏板式自行车的核心，将双腿的上下踩踏运动转化为适合轮子的旋转运动。但是还有一个重大的工程问题需要解决：你不能采用儿童车那种安在轮轴上的脚踏板，把这种转动直接传送给轮子，因为那样的话，要想获得任何合理的速度，你的双腿都要蹬得像抽风似的。

因此，最简单的方法是安装一个大前轮，那样哪怕仅仅是适度的转速都会被巨大的直径转化为可观的速度。前轮 1.2 米高的旧式大小轮自行车那可笑的样子就是基于这种思想。一个更好的解决方案——我们如今看来是再简单不过，但直到 1885 年才有自行车制造商想出来——是采用齿轮这种古老的机械系统，并且用链条连接齿轮。两个链轮齿由链条相连，不同的尺寸使驱动轮的转速可以比脚踏板快很多（这本身与列奥纳多·达·芬奇在 16 世纪绘制的设计草图非常相像）。另一项重要原则是连接车轴与车把的前柱应当轻微地向后倾斜，那样导向轮会自然地朝自行车倾倒的方向偏转，从而令自行车有了内在的稳定性。[1]

1　与大众观念相反，自行车的稳定性与轮子转动时的陀螺效应关系并不大，尤其是在低速时。

重新发明动力交通

终有一天，恢复中的文明会发展成熟到开始考虑制造发动机的冶金学和工程学水平。如果社会退化到了依赖畜力和帆船的地步，它又该如何在没有现成样例可参考的情况下重新发明内燃机呢？在我们的汽车发动机罩下面，那颗搏动的心脏有着什么样的解剖结构？

内燃机是一个绝好的例子，证明了复杂的机器也无非是基础机械零件的组合，是把来历各不相同的部分组织成新的结构，以解决手头的特定问题。如果你能够剥掉金属壳，把家用轿车像有机体一般拆解开，就会发现无数子机械正在协调互动，一如人体内的器官和组织。

那么汽车的行驶到底是基于什么样的关键原理，你又该如何从

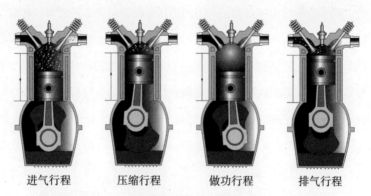

进气行程   压缩行程   做功行程   排气行程

四冲程内燃机。由气缸和活塞构成，曲轴将动力传送给飞轮，凸轮轴协调阀门的开合

交通

头开始设计一辆？

在"为民供能"一章中，我们介绍了外燃机的运行原理：蒸汽机燃烧燃料加热锅炉，迫使蒸汽进入气缸。若是省掉中间步骤，直接利用燃烧产生的炽热气体的压力来驱动机械，对燃料化学能的使用效率便会提高很多。只要将少许燃料引入封闭空间然后点燃，由此产生的炽热气体的体积骤然膨胀，就可以推动活塞为你工作。每秒钟多次实现这个过程，你便拥有了一个规律而可靠的方法来传递动力。为了重置气缸的状态准备下一次爆胀，打开一个口，推回活塞，像注射器一样把废气挤出去，然后再抽拉活塞，通过另一个阀门吸进来含氧空气与新鲜燃料的混合物。压缩这一混合物，增大它的密度和温度，然后点燃它。这种四冲程的循环便是地球上大多数内燃机迅速搏动的心跳。

燃料进入气缸之后，有两种点燃的方式，这就构成了现代汽油发动机和柴油发动机之间的区别。乙醇（或者汽油）这种易挥发的液体，可以在汽化室与空气混合时汽化，然后被导入气缸，由火花塞点燃。柴油之类较重的碳氢分子混合物，可以在压缩冲程结束时以细密液滴的形式喷入气缸，并在极高气压造成温度飙升时，自发地汽化并燃烧（任何曾用脚踏泵给轮胎打气后摸过气门的人，都会注意到空气压缩能够产生多高的温度）。或者就像本章开头讲到过的，可以直接向气缸导入气体作为发动机燃料。

为了驱动车辆，现在的挑战是把活塞来回往复地运动，变成可施于轮子或者螺旋桨的平滑转动。曲柄可用来实现这种重要的运动转换，我们已经在介绍自行车的段落中提到过它。在机械中，曲柄通常与旋转连杆配合使用，而连杆的作用是连接往复组件与转轴（在自行车中，是你的双腿构成了与脚踏板配合的连杆）。这种重要机械结构已知的最早应用，出现在公元 3 世纪古罗马的一部水车上，被用来把水流驱动的旋转转化为长木锯的来回拉动。

聚齐多个活塞动力的现代发动机，采用了一种名为曲轴的轻微改进。在它的长度方向上，排列着几个把手形状的扭折，让一排活塞来驱动同一根轴的旋转。即便是多个气缸以交错的次序燃烧，作用在轴上的冲力仍旧是不流畅的，这就需要一种让旋转平稳的方法，而解决方案来自古代的制陶技术。曲轴的末端安装一个飞轮，它的作用和制陶轮上的笨重石板完全一样：存储角动量，稳定转速。

为了在动力循环中协调阀门的开启和关闭，在合适的时间向气缸注入燃料以及排出废气，要用到另一种古老的机械构件。凸轮的外形中有一个向外的突起，因此在轴上旋转时，可以有节律地抬起杠杆或者推离从动杆。凸轮在过去曾被应用于杵锤。在这种机械设备中，随着凸轮突起的运转，水车的动力被用来反复抬起一枚重锤，然后再释放形成击打。古希腊人使用过凸轮，后来它又出现在 14 世纪的中世纪机械中。在现代内燃机当中，一组由主曲轴驱动的凸轮，可以使入气与出气阀门的开合时机恰到好处，配合活塞的循环。

如果你打算用发动机驱动陆地车辆，而不是简单地转动船的螺旋桨，那么你还有几项技术挑战需要解决。发动机的核心设计搞定之后，下一个机械问题是把动力传送给轮子。汽车动力设备中，最容易通过直觉理解的部分之一就是变速箱：它本质上无非是一个盒子，让你可以改变哪些齿轮组要咬合在一起，操作原理和公元前 3 世纪的齿轮传动链一致。内燃机转速很高，所以要利用低挡位——驱动轴连接的齿轮小于发动曲轴上的齿轮——把转速转化为扭力。在加速或者爬坡时，尤其需要大扭力。

协助进行齿轮切换的设备叫作离合器。在很多汽车当中，这种装置用一个粗糙的盘紧紧贴合飞轮来传送发动机动力——很有讽刺意味的是，摩擦力让发动机得以平滑运转。盘和飞轮可以被拉开，让发动机和驱动轴不再相连。机床等早期木工工具上也采用过类似的系统，用来把机械与动力源断开。

早期的汽车直接采纳了自行车的技术，用链条和链轮齿驱动后轴。更高效的动力传送方法是用一根旋转的传动轴，但是它必须有一定的灵活性，以免在驾驶过程中被颠簸折断。那么你该如何让一根刚性杆在传送动力的同时，可以朝任意方向弯曲呢？解决方案是沿着它的长度方向设置两个万用接头。每个万用接头都是由一对相连的铰链构成，这种设计最早于 1545 年见诸描述。

等你的汽车跑起来后，下一个紧迫的问题就是想出一个可以在驾驶座上方便转向的方法。最早的汽车使用舵柄，直接借用了控制船舵的航海技术。但是稍加思考后就能得到一个更加优良的方案，这个方案采用的技术源自大约公元前 270 年的古代滴漏。在一根长棍上切出齿形，与一枚齿轮配合，就构成了齿条齿轮传动装置。驾驶室里的方向盘通过一根轴转动齿轮，齿轮再左右移动齿条，调整前轮的方向。

当你把两只轮子固定在同一根轴上后，最后一个工程问题出现了。汽车转弯时，外轮需要比内轮转动得快一点，如果二者的旋转被互相锁定，便都有可能打滑或者拖滞，造成转弯困难以及损伤轮胎。一种叫作差动器的系统仅仅由 4 个齿轮构成，能够令 2 个轮子同时由发动机驱动，但又可以以不同的速率旋转。这种精巧的设备从 1720 年开始被运用到欧洲的机械上，或许还可以追溯到公元前 1000 年的中国。

你或许认为一辆全新的跑车代表着当今的尖端科技，然而如果剥开它的外壳，你会发现里面的各种零部件构成了一锅大杂烩，它们借鉴了很多历史悠久的机械构造：制陶转轮、罗马锯木场、杵锤、木工车床和滴漏。

内燃机是一种非凡的机械，可以将燃料中蕴含的化学能转化为平稳的运动，是今天大部分交通方式的基础（包括高速飞行器的喷气发动机和大型船只的蒸汽轮机）。我们已经探讨过为这些发动机生产气体或者液体燃料的方法。一整箱燃料能够提供的能量大得惊人，在需要补充之前可以行进很远的距离，因此当后末日时代的社会恢复到一定成熟度之后，燃烧势必会再次在陆地或海洋长途运输中扮演重要角色。不过问题是，没有了易于开采的原油，我们之后的文明很可能燃料有限：20 世纪 20 年代之后，机动车辆的繁荣靠的是石油精炼厂生产出的便宜汽油，那么要想在一个从零开始重建的社会里建立交通基础设施，还有什么样的替代发展道路可供选择呢？

交通

　　收获庄稼之后，与其只拿其中一部分来制造生物柴油或者发酵成乙醇，或许还不如把全部收成都烧掉来的简单。为了利用柳枝稷、芒草或灌木等生长迅速的作物捕捉的太阳能，加热锅炉驱动蒸汽轮机产生电力的效率要高得多。生物燃料以及风能和水能等可持续能源产生的电力可以通过架在空中的电线进行分配，驱动火车和有轨电车在固定线路上行进，或者为小型车辆的电池充电。以同样数量的作物为能源，电动车辆能够行走的距离要比烧生物燃料的内燃机车辆远得多。而且，驱动蒸汽轮机的锅炉燃烧的植物材料，可以比合成生物燃料所需的品级低很多。如果你是在热电联合工厂里发电，还可以用废热为附近建筑供暖。一个能源有限的社会，应当用这种全局性的思维来使燃料消费的效率达到最大化。这么来看，似乎后末日文明的城市交通主要靠电力驱动。

　　事实上，电动车辆曾经很普遍。在 20 世纪早期，有 3 种从根本上不同的汽车技术在争夺主导地位。电动汽车因为机械结构更加简单可靠，而且安静无烟，在与蒸汽驱动和汽油驱动的竞争中占据了一席之地。在芝加哥，它们甚至曾统治过汽车市场。1912 年，电动汽车产量达到高峰的时候，3 万辆电动汽车悄然无声地滑行在美国的大街上，此外全欧洲还有 4 000 辆。在 1918 年，柏林 1/5 的机动出租车是电动的。

　　配备车载电池的电动汽车（与火车或者有轨电车不同，它们能从轨道上方的电线获得持续不断的动力）的弱点是，哪怕庞大笨重的电池组也存储不了大量电能，一旦电池耗尽，又需要很长时间充

205

电。那些早期电动汽车的最大行驶距离大约是 100 英里[1]，但这已经比马远得多，在城市环境中足够了。解决方案是不要等待电池充电，而是在一个站点内以空换满：1900 年，曼哈顿曾经有一支成功运营的电动出租车队，在他们的中心站点，可以迅速地用新电池替换掉耗尽电力的电池。

因此，凭借以生物燃料为动力的内燃机和电动汽车，哪怕没有我们在自己的发展历程中曾受益匪浅的充足石油，进步中的后末日时代社会仍然能够满足其交通需求。下面我们该从人和物资的运输转向思想的传递了：在下一章中我们将探讨通信技术。

1　讽刺的是，现代电动汽车的最大行驶距离仍旧是大约 100 英里：电池容量和电动机方面的技术进步正好被车身尺寸和重量的提高抵消了，电动汽车的驾驶员们饱受"充电焦虑"的困扰。

通信

"我遇见一位来自古国的旅人

他说：有两条巨大的石腿

半掩于沙漠之间

近旁的沙土中，有一张破碎的石脸

抿着嘴，蹙着眉，面孔依旧威严

想那雕刻者，必定深谙其人情感

那神态还留在石头上

而斯人已逝，化作尘烟

看那石座上刻着字句：

'我是万王之王，奥兹曼斯迪亚斯

功业盖物，强者折服'

此外，荡然无物

废墟四周，唯余黄沙莽莽

寂寞荒凉，伸展四方。"

——珀西·比希·雪莱,《奥兹曼斯迪亚斯》（1818）

如今借助互联网、无处不在的无线网络和智能手机，人们可以在全世界范围内毫不费力地进行实时通信。我们通过电子邮件、网络电话和社交网络保持联系，从网站获得新闻和信息，利用掌上设备享用人类知识财富。但是在后末日时代的世界里，你将不得不回归更加传统的通信技术。

书写

在书写被发明之前，知识只能通过口头传播，在生者的头脑中流转。然而口述历史中能够存储的数据是有限的，存在着思想随着人的离世而永远遗失的危险。但是一旦诉诸物理介质，思想就可以得到可靠存储，可供多年之后参考，并能随着时间积累。发展出书写系统的文化能够积累的知识，要远远超过其人群共同记忆的存储量。

书写是令文明得以形成的基础性技术之一，它牵涉到把口头语言转化成绘制图形序列的概念性跨越：不管是随意规定的、代表语言单个音符（比如英文的音素）的字母，还是象征特定物体或者概念（比如中文的语素）的字符。在最基本的层面上，它使你能够永久性地记录商定的贸易条款、一次土地租赁或者一部法典。不过，让社会在文化、科学和技术方面有所发展的，还是知识的积累。

在现代世界，我们已经对笔和纸之类的文明产品习以为常，只有没法在信封背面记录采购列表时，或者放下一根圆珠笔之后转眼就找不到而发牢骚时，我们才会意识到它们有多么重要。我们的文明会留下大量的纸张，但它是一种格外容易被毁坏的材料，会很快被废城中肆虐的野火烧掉，或者在潮气或者洪水中化作纸浆。你怎样才能轻而易举地造出大量纸张，而无须再耗费时日生产其他材料——比如过去使用过的莎草纸、羊皮纸呢？

纸是公元 100 年左右的中国人发明的，1 000 多年之后才传到了欧洲。不过，用木材纸浆造纸却是一个令人意外的现代创新。直到 19 世纪晚期，纸还主要由回收的亚麻布碎片制造。亚麻布是一种用亚麻纤维制成的织物（见"食物和服装"一章），任何含有纤维的植物，原则上都可以用来造纸：大麻、荨麻、灯芯草或其他质地粗粝的草。但是我们将会看到，当海量的书和报纸从印刷厂喷涌而出，拉高了对纸张的需求时，人们开始急切地寻求其他合适的纤维。木头是一种优异的高质量造纸纤维来源，但是你如何能够分解厚重坚固的树干，做成柔软的短纤维构成的精细粥糊，还不必把腰累断呢？

构成纸张的纤维轻而坚韧，其成分是纤维素。从化学角度来看，这是一种长链化合物，在所有植物中，尤其是在茎和新枝当中，作为主要的结构性分子连接着植物的细胞——嚼芹菜时塞到你牙缝里的就是一小段纤维素。不过在树木和灌木结实的茎干当中，纤维素又得到了另一种结构性分子木质素的加固。木质素把成股的纤维素固定在一起形成木材。这使树拥有了一种理想的材料，可以用来构成坚固承重的主干，以及把叶片伸展到阳光中的繁茂枝杈，但也让木纤维令人惋惜地成为我们可望而不可即之物。

传统上，植物纤维要先通过粉碎和浸解——在滞水中浸泡几周，让微生物分解其结构——进行分离，然后猛烈击打已经软化的茎干，用蛮力让纤维释放出来。好消息是你可以直接采取更加高效的方案，省下大量时间和劳动。

把纤维素和木质素绑定在一起的化学键，容易被叫作水解的化学切割过程破坏。这种分子操作和制造肥皂时的皂化相同，我们也是通过完全一致的方式实现的：借助碱的力量。树或者其他植物最适合使用的部分是枝和干——根和叶并不含太多人们需要的纤维。水解时，先把它们切成小块，让尽量大的表面积暴露于溶液的作用中，然后在一缸沸腾的碱溶液里煮几个小时。这会破坏掉聚合体之间连接的化学键，使植物结构软化分散。碱溶液对纤维素和木质素都有破坏作用，但是木质素水解得更快一些，这使你能够在木质素降解溶化时，没有损害地让宝贵的造纸纤维释放出来。白色的短纤维会漂浮在含有木质素的暗褐色浓汤里。

我们在"物资"一章中提到过的任何一种碱——草碱、苏打、石灰——都能够使用，但是在历史上的大部分时期，人们最喜欢选用的是熟石灰，因为它可以通过烧石灰石大量生产，而通过浸泡木材灰烬生产草碱，是劳动密集型的行为。不过一旦你掌握了苏打的人工合成方法（我们将在"高等化学"一章中介绍），化学制浆的最佳选项将是使用火碱（氢氧化钠），这种物质会有力地促进水解。你可以通过倒入熟石灰和苏打，直接在制浆罐里生成火碱。

通信

用筛子收集分离出的纤维素纤维，然后漂洗几遍，直到它们不再带着木质素脏兮兮的颜色。要想最终生产出洁白的纸张，你应当在这时把纸浆泡在漂白剂里。次氯酸钙或者次氯酸钠都是有效的漂白剂，可以通过让氯气（通过电解海水生产——见第230页）与熟石灰或者火碱反应来生成。漂白作用背后的化学原理是氧化：有色化合物的化学键被打开，分子遭到破坏后，转化成无色形态。不仅是造纸，在纺织品的生产过程中，漂白也是很重要的，因此它有可能成为重启过程中扩展化学工业的关键推动力量。

把一团这种黏糊糊的纤维素汤倒在用框架绷住的一张细金属网或者布筛上，随着水分的流失，纤维便会形成一层粗糙的厚垫。按压这层厚垫，挤出剩余的水分，确保留下一张平坦光滑的纸，并留下它继续晾干。

如果能够从陷落的文明中回收到一些物品，你将发现小规模的造纸会容易得多。借助发电机驱动的木片切削机甚至大型食物搅拌机，把植物材料变成浓稠纤维汤的工作，就可以变得轻松很多，不过你也可以使用风车或者水车来提供力量，驱动杵锤击打原材料。

不过，对于能够用书写进行沟通及永久性记录知识这个目标，制造出干净平滑的纸才只走了一半的路程。一旦所有的圆珠笔全都用尽或者消失，另一项关键任务就是制造可靠的墨水来形成书面文字。

原则上，任何偶尔溅到身上后便会令人气恼地弄脏纯棉衬衫的物质，都可以用作临时的墨水。比如你可以采集大量颜色浓重的成熟浆果，通过粉碎把它们的汁液释放出来，然后滤掉果肉，加入一些盐作为防腐剂。不过通过大部分植物提取的墨水都有一个主要问题，那就是它们并不耐久。为了能够无限期地保存你的话语和社会复原过程中新近积累的知识，你真的需要一种不容易被洗掉或者不会在阳光下褪色的墨水。鞣酸铁墨水是出现于中世纪欧洲的一项解决方案。事实上，欧洲文明本身的历史就是用鞣酸铁墨水写就的。列奥纳多·达·芬奇用它记录笔记；巴赫（Johann Sebastian Bach）用它谱写协奏曲和组曲；凡·高（Vincent Van Gogh）和伦勃朗（Rembrandt van Rijn）用它画草图；美利坚合众国宪法凭借它流传后世。一种与鞣酸铁墨水极其类似的配方，如今在英国仍然被广泛使用：登记员开出生、死亡和婚姻证明等法律文书必须使用的墨水，正是同样的中世纪化学配方。

就像名字暗示的那样，鞣酸铁墨水包含两种主要成分：一种铁的化合物和一种来自植物瘿瘤的提取物。瘿瘤出现在橡树等树木的枝条上。当寄生蜂在叶芽中产卵，就会刺激树木在卵周围增生，形成瘿瘤。它们富含鞣酸和丹宁酸，可以和硫酸亚铁反应——硫酸亚铁是把铁溶进硫酸形成的。鞣酸铁墨水刚被配制出来时几乎是无色的，因此只有加入另一种植物色素，你才能看清自己写的东西。不过暴露在空气中之后，亚铁离子就会被氧化，使干掉的墨水呈现一种持久不褪的深黑色。

用一种历史悠久的方法，可以制作出原始的笔。把一根鸟的羽毛（历史上人们喜欢用鹅毛或者鸭毛）浸泡在热水中，抽出羽轴内部的物质。把顶端削尖，然后将底面切出一个柔和的弧形，形成经典的笔尖形状。在笔尖处朝上轻轻切开一条缝隙，这样在两次蘸墨水之间的书写过程中，那条缝隙就能为你储存住少许墨水。

印刷

如果说书写是让思想的永久储存和累积得以实现的关键性创新，那么印刷机就是让人类思想能够快速复制并广泛传播的机器。今天的发达国家以接近 100% 的识字率而自豪，每天约有 4.5 万亿张印刷品问世：书、报纸、杂志和手册等。

如果没有印刷技术，要想复制一份文档，你需要有一个专职抄写员团队，劳神费力地手工抄写几个星期。只有有钱有势者才能负担起这样的项目，而且这还意味着，只有经过认可和批准的文本才能被制作出来。但是有了印刷机的发展，知识被民主化了。不仅社会上的每一个人都能够接触到知识，而且任何人都能够迅速散布自己的思想，从新的科学理论到激进的政治观念，从而激发辩论，促进变革。

在长方形的框内用成行的字模——顶面刻着字母的立方体——拼出一页文本，这就是印刷的基本原理。字模被涂上墨水，然后按到一张纸上。只要完成了框架内的排版，同一页文本就可以非常迅速地一遍遍复制，而复制这一页的工作完成之后，字母可以被重新排列成下一页的文本。即便是原始的印刷机，复制文本的速率也会比抄写员快几百倍。

要想再次将德国人约翰内斯·古腾堡（Johannes Gutenberg）15世纪发明的活版印刷机[1]派上用场，有三个重大的挑战有待你解决：首先需要找到一种简便的方法大量生产尺寸精准的字模；其次需要设计一种机械，能够以均匀而牢靠的力道把印刷内容压到纸上；最后你还需要发明一种新型墨水，不会从笔尖自由流出，却能很牢靠地附着在精细复杂的金属刻纹上。

第一个问题是，你要用什么材料制造字模？木头容易雕刻，但需要熟练工匠的精雕细琢才能够手工将每一个字模——大约80个字母（含大小写）、数字、标点和其他普通字符——单独制造出来，然后为每一个字符制造出多个完全一致的复制品。而所有这些辛苦工作仅能制造出一套字模，字体大小和风格都一样。

所以说，为了能够大规模印刷书籍，你必须首先大规模制造印刷工具。这可以通过铸字来实现：用熔化的金属铸造出完全一致的字模。古腾堡意识到，要想让制造出的字模侧面平直光滑，棱角都是完美的直角，以便在行列中能够完美地相互贴合，就要让铸造字

1　中国人发明造纸术比纸在欧洲普及早了足足1000年，而且也使用木刻版印刷，那么为什么中国人从来没有发展出古腾堡那种活版印刷机？这大概要归因于欧洲与东方文字特点上的一项根本差别。西方的文字是由数量不多的一套字母排成各种组合，拼出不同单词的读音，而中文书面语是由海量复杂汉字构成的，每一个汉字都代表一个特定的对象或者概念。西方字母简单的排列方式适合活版印刷。

模用的金属模具有精准的立方体空间。在模具的底部放置可替换的凹模，就可以在字模的底面巧妙地形成特定字符的清晰形状。这些凹模的材料可以采用铜之类较为柔软的金属，然后用坚硬的钢钎轻而易举地在每个凹模上敲出一个字符的精确阴文。现在你要做的就是把每个字母、数字或符号各自雕刻到一根钢钎上，然后你就能毫不费力地制造出无数完全一致的字模了。

第二个问题，其根源是西方文字字母宽度不一的特点：有些身材消瘦，如"i"或者"l"，有些则膀大腰圆，如"O"或者"W"。为了让印刷品容易阅读，字符应该排列紧密，瘦长的字母和数字旁边不能有空隙。所以说你铸造出的立方体字模，应当有着完全一致的高度，以便全都能均匀地印到纸上，但宽度却要各不相同。

古腾堡最终灵机一动，设计出大量制造字模的一套简洁系统。把模具分为镜像对称的两半：两个 L 形的部分彼此相对，在中间构成一个立方形空间。这个空间的左、右两壁可以很容易地滑向或者远离对方，从而流畅地调整模具的宽度而无须改变其深度或者高度（用你双手的拇指和食指试一下，看看这个精巧系统的工作方式）。这样的话，铸造一枚形状完美的字模，无非就是把相应的凹模放在模具底部，设定好宽度，倒入熔化的金属，待其凝固后，分开模具 L 形的两半，取出成品。

一页文本排版完毕之后，在版面上涂上墨水，然后将这一幅精细繁复的图形印到空白的纸上。很多机械装置都能够用来施加这种压力，包括单杠杆或者滑轮系统。在历史上，这两种装置都曾被用于在造纸过程中挤掉过多的水分。古腾堡成长在德国的葡萄酒产区，所以在他突破性的发明中借用了另外一种古代设备。螺旋压榨机是一种源自古罗马的技术，可上溯至公元 1 世纪，曾被广泛应用于压榨葡萄或者橄榄。它也是在两个平板之间施加坚实而且均匀的压力的理想机械，可以用来把带墨水的字模压到纸上。时至今日，从英文表示媒体乃至记者的单词"press"中，仍旧看得到这种印刷技术关键组件的影子——这个词的另一个意思便是按压。[1]

纸并不是使用印刷机的前提，因为这种技术也可用于羊皮纸（但不适于脆弱的莎草纸）。但是如果没有大规模制造的纸，普通大众将永远消费不起印刷书籍，因而它们的社会变革潜力将不会变成现实。如果你正在读的这本书是印在羊皮纸上，而且版式和古腾堡的第一本印刷版《圣经》一样，那么每一本将需要大约 48 头牛犊的完整牛皮。

不过，成功的印刷确实需要一种合适的墨水。为手写而研制的能够随意流动的水基墨水（如鞣酸铁墨水）完全不适于印刷。为了印刷出整洁的字符，你需要一种能够很好地附着在精细字模的金属表面，又能够清楚地印到纸上而不会流动、形成污迹或者模糊的黏

---

[1] 如果你预计在将来还会再次印刷同一段文本，如某部重要专著的后续列印，你可以通过保存页面布局来省却用几千个单独字母再次排版的麻烦。字模本身太宝贵，不能一直留在框架中，但是你可以把整个版面按压到灰泥中，用它作为模具铸造出整个页面的金属模板。这就是英文"陈规旧习"（stereotype）一词的最初意思。金属模板的别称是"cliché"（现在的意义是"陈词滥调"），这个词显然是通过模仿铸造时发出的声音造出来的——因此，使用一次"cliché"就是把一段文本重印一版。

性墨水。通过借用刚刚开始在文艺复兴的画家们中间流行的方法，古腾堡解决了这个难题：使用油墨。

大约在 4 500 年前，古埃及人和中国人差不多同时开发出一种基于烟灰的黑色墨水。与水和树胶或者明胶之类的增稠剂混合时，烟灰中细小的碳分子是一种完美的黑色素。这就是中国传统墨汁的成分。这种源于中国的墨在英语中被称为"印度墨"，其实只是经由贸易从中国传到了印度，而它在今天的画家当中仍然很受欢迎。碳黑色色素分子悬浮液也是复印机和激光打印机色粉的基础成分。烟灰颗粒可以从油烟中截取，也可以通过炭化木头、骨头或者焦油等有机材料获得。

尽管碳黑色素的应用很广，但用胶质增稠的中国墨汁却并不适用于印刷机：你需要一种黏性和干燥过程全然不同的墨汁。在这里，古腾堡参考了刚刚出现的文艺复兴油画技术。混入亚麻籽油或者胡桃油的油烟能够很彻底地干燥，而且与金属字模的贴合远比容易流动的水基墨水紧密（不过，亚麻籽油在使用之前确实需要先处理一下：煮沸并除掉浮在表层的浓稠黏液）。你可以用另外两种成分控制墨水关键的黏性：松节油和树脂。松节油是一种用来稀释油基颜料的溶剂，是通过蒸馏松树或其他针叶树的树脂制造的（见第 126 页）。当易挥发的成分全都在蒸馏过程中跑掉，凝固下来的树脂则会增稠溶液。通过调整这两种功能相反的成分的平衡，你可以完善墨水的黏性，还可以通过改变胡桃油和亚麻籽油的含量控制其干燥行为。

所以说印刷可以在复原的社会中快速复制知识，长途通信可以通过传送书面信息来实现。可是你怎么才能够利用电力实现远距离通信，而不必经历物理传递消息的各种麻烦？

电子通信

电是一种好东西：它几乎能沿着电线即时地传送，能在远离操作开关的地方造成引人注目的效果——比如点亮另一间屋子里的灯泡。但是为了在建筑、城市甚至大陆之间通信，你不可能只是简单地延长一下为灯泡供电的电路，互相用灯光传送消息了事。耗费能量的电阻是你的敌人，不可能有足够的电压在足够的距离外点亮灯泡。然而，借助一台我们在"为民供能"一章中介绍过的良好电磁体，哪怕仅有微弱的电流，也能产生强度相当可观的磁场。在末端放置一根轻巧的平衡金属杆，你就可以拿它做一个极为灵敏的开关，只要电磁体通电，它就会被拉近发出蜂鸣。继电器控制的蜂鸣器放置在长途电报线路的两端，能使远处的操作员听到另一人传输电流时形成的声音。

将每个字母用持续时间或短或长的电流——点和线——的组合来代表，就可以每次传送一个字母。你首先要做的无非是和电报线另一端的人商量好，你要如何表示字母表中的每一个字母，然后你就可以往这条线路上发送后末日时代你的第一封电子邮件了。你到底如何编制代码其实并不重要，但是如果对于如何确保代码系统迅捷而可靠有一定的远见，你大概还是会发明出来某种类似莫尔斯电码的东西。在这套系统中，英语字母表里最常用的字母都用最简单的形式来代表：E 是一个点，T 是一个横，A 是一个点加一个横，I 是两个点。

间距均匀的中继站可以放大下一段线路上的电流，从而让全球范围内的电报通信成为可能。然而，跨过大陆、穿过洋底的电缆铺设和维护都比较困难。那么有没有更好的方法？你是否可以在利用电力通信的同时，又无须采用让人伤脑筋的电线来传输电流？

让我们更加深入地探讨一下电与磁之间这种相对相生的关系吧。如果变化的电场可以产生磁场，而变化的磁场又可以产生电场，那么你应该能够创造一束两相支撑的能量涟漪。事实上，哪怕是在没有物质存在的绝对真空中，电磁波仍然能够携带着这种扰动进行传播（与声波或者水波不同）：电和磁联合起来，如鬼魅般游历宇宙。

从我的窗口涌进来的金色阳光，本身无非是交织的电场与磁场。从 X 光机、紫外线日晒机、红外线夜视照相机和微波炉，到雷达、无线电和电视广播以及——现代生活的终极表现——我的笔记本正在连接的这个免费无线网络热点，全都是不同形式的光。电场和磁场以不同振动频率相互勾连，形成了一条很长的电磁波谱，从危险的高能伽马射线到长波无线电，它们全都以光速传播。

然而，我们感兴趣的是无线电波。它们不仅比较容易制造和接收，而且可以携带并隔着遥远的距离传播信息。作为一种远距离通信手段，这种无线电发送和接收技术正是你需要复原的。

让我们先从建造无线电接收器这一略微简单的任务说起。从树上垂下一根长电线，下端剥掉绝缘层埋入地下以接地。这就是你的天线，任何经过的无线电波中迅速振荡的电磁场都会驱动金属中的电子上下运动：这是一种感生交流电。但是要想用耳机听到声音，你需要用某种方法仅仅保留波的反向或者正向部分，丢掉另一部分。

任何仅允许电流朝一个方向流动而挡住另一个方向的材料都可以做到这一点。它们会把交流电"整流"成一系列直流电脉冲。幸运的是，很多晶体都具有这种非常有用的性质。因其黄澄澄的外表而被称为"愚人金"的硫化亚铁便能很好地满足这种需求，而且很容易寻找。另一种矿物，方铅矿（硫化铅）也常被用到矿石收音机当中。方铅矿是主要的铅矿石，在全世界都有大储量的分布，历史上曾被开采并用来制造管道、教堂屋顶、火枪子弹和可充电的铅酸电池。

把晶体放在一个金属容器中，连接到你的天线－耳机电路里，再连接一根名叫触须的细线。整流就发生在晶体和触点之间的连接处，但是其效果捉摸不定，需要付出一定的耐心才能通过试错找到合适的位置。不过，即便没有人类的广播，这个原始的设备也能让你捕捉到天然的无线电信号，如雷暴。事实上，一种原始的无线电发射机——火花隙振荡器——的工作原理就是产生一系列非常迅急的人工闪电。

火花隙振荡器是在一个高压电路中留下一个小缝隙，使当中可以不断地产生电火花。每一次火花都在天线中释放一股电子，并发射出一个短暂的无线电波脉冲。如果发射电路每秒钟产生几千次电火花，急促地发射出一系列无线电脉冲，接收机的耳机里就能听到一种蜂鸣。在为火花隙供电的变压器的低压侧加入一个开关，控制电路何时通电并释放无线电波，然后用点和线来为你的消息编码。

理想情况下，你会希望能够通过无线电波传送声音，使两个无线电操作员可以交谈，或者向大批听众广播新闻。莫尔斯电码只需要粗放地将无线电波彻底打开或者关闭，但是传送声音需要对电波进行更加精确的操控，这种操控叫作载波调制。最简单的体制叫作调幅（AM），载波的强度更加平滑地在这两个极端之间变化：声波的柔和外形被印在疯狂涨落的无线电波的顶部。幸好须状晶体检波器也能在接收端很好地"解调"信号。晶体连接点的单行道行为，与电容器的平滑作用共同去除了高频载波，只留下广播员的声音或者音乐。

除非在你附近只有一个高功率发射机，你用这个最基本的无线电接收机听到的信号将是很多电台令人困惑的混响：天线捕捉到不同频率的载波信号，把它们全都送到你的耳机里。在电子机器上增加几个零件，你就能调谐这些收音机了。调谐使无线电发射机把广播能量集中到一个很窄的频率范围内，从而提高了效率，而调谐过的接收机，可以从一片混乱嘈杂的无线电谱系中，仅仅采集你感兴趣的传输频率。

我们讲到过，无线电波从根本上来讲就是一种振动，构成它的磁场和电场以特定的节拍或者频率交替，就像钟摆的摆动一样。所以要想调谐无线电发射机或接收机，你需要加入一个电流的振荡有着特定节律而其他接近的频率会被抗拒的电路。你需要驾驭共振的力量。

不妨这样理解一下。就像任何一个摆一样，一个荡秋千的孩子会以特定频率来回摆动。如果你总在正确的时机轻推一下，孩子就会越荡越高。但是如果推动的节拍不同于摆动频率，你就得不到这样的效果。

将电容器和感应器简洁优雅地组合起来，就能建造一个以固定节律振动的基本振荡电路。电容器由以绝缘层隔开的两个相对的金属盘构成。任何施加在电容器上的电压，都会在一个金属盘上聚集电子，直到它带了足够的负电荷，开始抗拒进一步的充电。电容器是一个电荷的储存器，能够以突发电流的方式释放，就像照相机的闪光灯一样。感应器线圈本质上是一个电磁体，但是它能做到的事情远远不只是吸引金属物体。电阻会阻挡电流的流动，而感应则会阻止电流的任何变化。所有电容器和感应器都是电能的可补充储存器：电容器是以相对的金属盘之间的电场的形式，而感应器是以线圈周围磁场的形式。用线路将二者对面相接，一个简单的环路就神奇地出现了。

当满载着电子的电容器释放其存储的电荷时，就会在线路中推动一个电流，并通过感应器产生一个磁场，直到电容器的金属盘电势相等。这时感应器周围的磁场开始崩溃，但是衰退的磁力线穿过线圈，会在线路中引发一股电流（发电机效应），往电容器的另一个金属盘输送电子——令人惊奇的是，崩溃中的磁场可以暂时维持当初创造了它的电流。等到感应器磁场完全消失，电容器的另一个金属盘已经被完全充电，开始推动一股相反方向的电流流过线圈。

能量就这样不停地在电场和磁场之间交互转换，在电容器和感应器之间来回流动，就像每秒摆动几千次的钟摆——以无线电的频率。

这就是简单到令人心旷神怡的振荡电路，其美妙之处是，它只会以自己的固有频率振荡，而会抗拒其他频率。通过改变两个构件之一的性质，你可以改变这个电路的振荡频率，从而实现对发射机或者接收机的调谐。电容器更容易调节一点：旋转 D 形金属盘，改变两者相对部分的面积，也就改变了电容器能够储存的电量。老式收音机的调台旋钮连接的往往就是振荡电路的可变电容器。现代发射机和接收机的调谐精度非常高，无线电频谱被细分得有如熟食店柜台上的火腿，被无数应用所共享：商业电台和电视台、GPS 信号、应急服务通信、空中交通管制、蜂窝电话、短距离 Wi-Fi 和蓝牙、无线电遥控玩具，等等。事实上，现在火花隙振荡器是非法的，因为它们太不精准，泄出的无线电辐射会污染一大段频谱，本质上相当于屏蔽了与之相邻的无线电波段。

音频广播的其他关键元素，显然是麦克风和耳机或者扬声器，前者把声波转化为发射机电路中的电压变化，后者把收到的电信号还原为声音。实际上，麦克风和耳机基本上是同一种东西。它们都含有一个可以自由振动的膜片，功能要么是制造声波，要么是对声波做出反应。膜片与一个线圈相连，线圈则会随着磁场移动，所以两者都是作为发动机和发生器在驾驭同样可逆的电磁效应。

利用压电晶体可以制造一种更加灵敏的版本，压电晶体具有形变时会产生电压的奇特性质。要想听到触须无线电检波器似有似无的输出，就要用到灵敏的晶体耳机。酒石酸钾钠（又叫"罗谢尔盐"，这个名称来自最早制造出这种化合物的 17 世纪药剂师家乡的名字）能够很好地实现这个功能。在葡萄酒发酵桶里，将热碳酸钾溶液和酒石酸氢钾（也就是广为人知的酒石）混合起来，就可以产生这种盐的晶体。

我们有把握说，重启中的文明从绝对的基础做起，会很快重新掌握无线电通信技术，哪怕他们还不能推导出复杂的电磁方程或者有能力制造精密的电子元件。在近代史上人们已经做过这样的事情了。

在第二次世界大战期间，双方前线战壕里的士兵和战俘营里的战俘，都制作过临时的无线电接收机收听音乐或者战况新闻。这些别具一格的创造物揭示出，很多种回收来的材料都可以用来临时拼凑成可用的收音机。用作天线的电线被挂在树上，或者伪装成晾衣绳，有时候甚至带刺的铁丝网栅栏也可以担此大任。把电线连接到战俘营牢房冰冷的水管上，就可以提供良好的接地。感应器是通过在硬纸板厕纸卷上缠绕线圈做成的，回收而来的裸线用烛蜡绝缘，或者像在日本战俘营里一样，涂上一层棕榈油和面粉。调谐电路的电容器使用锡箔或者烟盒包装的衬里拼凑，将报纸隔在中间用于绝缘。然后再把这个宽大而平坦的设备卷成瑞士蛋糕卷的形状，使其更加紧凑。

耳机比较难拼凑，所以经常从坏掉的车辆上回收而来。较为粗糙的替代品可以这样制造：在一根铁钉周围缠上电线，末端粘住一枚磁铁，在线圈上轻轻放置一个锡罐的盖，让它随着接收到的信号轻微振动。

不过，其中最巧妙的即兴创作，或许要数至关重要的整流器，它是用来从载波中解调出音频信号的。黄铁矿和方铅矿之类的矿物晶体都不可能在战场上得到，但是人们发现生锈的剃刀刀片或遭受腐蚀的铜币也能派上用场。把刀片和一枚向上弯曲的安全别针一起固定在一块木头上。把铅笔中间的石墨芯削尖，紧密地连接到安全别针的针尖上（往往用剩余的线缠紧），别针针体的弹性足以起到触须的作用，使铅笔芯能在金属氧化物表面上实现精细调整，直到找到一个有效的整流连接。

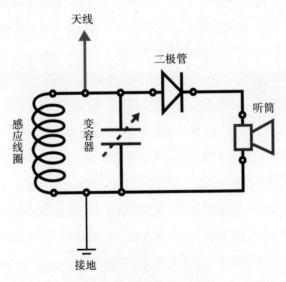

简单无线电接收器的电路图

矿石收音机（以及铁锈－铅笔检波器）简单而美妙，且不需要接入电源，因为它们从接收到的无线电波本身就能得到运行所需的动力。但是触须整流器并不可靠，而且晶体收音设备仅能输出功率极小的声音。对此的解决方案同时也是实现一系列其他先进应用所需的入门技术，是制造一根真空管，而这种设备与现代文明的另一项特征密切相关——灯泡。

和灯泡一样，真空管也是在玻璃泡中放置了一根炽热的金属丝，但重要的是，真空管的金属丝周围还围着一圈金属板，而且玻璃泡内部的空气被抽到了压力很低的程度。当金属丝被加热到白热程度，电子会从金属中蒸发出来，在丝周围形成电荷云。这叫作热电子发射，是 X 光机、荧光灯、老式电视机和计算机显示器的原理之一。如果金属板比金属丝带有更多的正电荷，这些自由电子就会被其吸引，形成一股电流。但是这种电流永远不会反向流动，因为金属板不会被加热到释放电子的程度，因此这样的"二极管"（有两个金属触点或者电极）就像阀门一样，只允许一个方向上的电流通过。尽管物理原理大不相同，热电子管却有着与晶体检波器完全一样的功能，可以直接用作无线电接收机的整流器。不过，对二极管的一项简单修饰才是真正的创新，因为它实现了一项全新的功能。

如果你在一枚标准真空二极管的热丝和金属盘之间插入一根螺旋线或者网格，你便做成了一件不同寻常的东西。这个由三部分构成的器件叫作三极管，通过调整施加在网格上的电压，你就能影响管中流过的电流。在控制栅格上施加微弱的负电压，会开始阻挡从金属丝蒸发出来并涌向金属板的电子，进一步提升负偏压，电流就会更受限制——这就像捏住吸管控制多少液体可以从中流过。关键是，利用三极管，你做到了使用一个电压控制另一个电压。不过，这种设置的天才应用是，控制栅格上较低电压的细微变化在输出电压中引起较大变化。也就是说，你可以放大输入信号。

这种功能是晶体无法实现的，可以用来放大接收到的微弱信号来驱动扬声器，让整个房间充满声响。它还能让你生成纯频电子振荡，这种振荡十分适于作为窄频带载波，便利地将声波调制到载波上。这些都是主流无线电通信手段用到的重要应用，但是就像有用的真空管也可以用作控制电子通路的开关，而且其速度远远高于机械操纵杆，把这样的真空管连接成一张巨大的网络，让这些开关相互控制，你就可以运行数学计算甚至建造具备完整编程功能的电子计算机了。[1]

---

1 现代电子学已经淘汰了高耗能的真空管，现在利用的是半导体材料的性质：热离子管整流器被固态二极管取代，三极管的电压控制功能由硅晶体管来实现。我口袋里那部堪称小型化技术典范的智能手机，含有几万亿个晶体管，每一个的功能都与一枚发着暖暖光辉的真空管完全一致。

高等化学

"如果消费者文化一夜之间灰飞烟灭，我也不会介意，因为那样我们都是一条绳上的蚂蚱，生活不会那么糟糕，无非拿鸡和封建主义之类的东西胡闹。但是，如果我们都落到了在芭斯罗缤特许店里穿着破衣烂衫放猪那般田地，我要是一抬头瞧见天上飞过一架飞机……我会蹿起火来。要么大家都回到石器时代，要么谁都不回去。"

——道格拉斯·库普兰，《洗发水星球》(1992)

在本书中，我们已经介绍了几个把一种物质转化为另一种的简单方法。外表迥异的物质之间的相互转化，一开始看起来或许如魔术一般，但是付出一定的努力后，你会开始理解不同化学物质的性质，发现它们相互作用的模式，能够预测反应中会发生什么，并最终运用知识的力量，控制一系列复杂的反应，生产出想要的产品。

我们将在本章中探讨，经过几代人的重建努力，站稳了脚跟之后，一个更加先进的文明将如何能够采用更加复杂的工业过程满足自己的需求。前文介绍的生产苏打的原始方法，只能帮助你发展到一定程度。不过首先，让我们看一下如何利用电力为重启中的文明提取几样重要的必需品，并帮助我们探索化学世界背后令人惊异的秩序。

电解和元素周期表

我们已经探讨过，掌握了电力的生产和分配，如何为复原中的文明的大量功能提供非凡的能源，并使远距离通信成为可能。但是在我们的历史上，电力的第一种实际应用是拆开化合物，解放其成分，也就是电解。在文明重启的早期阶段，你将再次发现这种功能无法估量的价值。

比如说，如果你在浓盐水（氯化钠溶液）中通入电流，你就能够在负极上收集水分子裂开形成的氢气气泡，在正极上收集氯气。氢气可以用来充入飞艇，是哈珀－波西法（我们将在本章中介绍）的原材料，而氯气可用来制造造纸和纺织品所需的漂白剂，"食物和服装"一章中已经对此有所探讨。如果你对这套装置有一定的理解，还可以提取电解液中积累的氢氧化钠（火碱），我们在之前讲到过，这是一种非常有用的碱。电解纯水（加一点氢氧化钠以帮助导电）会产生氧气和氢气。

铝也可以用电解的方法从铝矿石中提取——它过于活泼，无法用木炭或者焦炭进行熔炼。铝是地球上最丰富的金属元素，也是人类最早应用的材料之一——黏土——的主要成分。但是它一度昂贵得无法得到实际利用，直到 19 世纪 80 年代晚期，熔化并电解铝矿石的有效方法才被开发出来。[1]

　　幸运的是，复原中的文明并不会立即需要重新提纯这种金属。铝非常耐腐蚀，它可以保持几百年不朽，而且可以在 660℃ 这种相对较低的温度下进行熔化并回收，这个温度用我们在第 138~139 页提到的原始烧窑就可以达到。

　　利用电解法，你可以合成很多种对文明有用的化学成分，直接略过曾经被使用了许多个世纪的低效化学方法。而且，电解还会有助于你对世界的科学探索：它能分解化合物，提纯构成所有物质的原材料——元素。比如在 1880 年，电解法令人信服地证明了水根本不是一种元素，而是氢和氧的化合物。而在 8 年之内，另外 7 种元素也被电解法分离出来：钾、钠、钙、硼、钡、锶和镁。其中前三种是电解我们在本书中经常提到的几个平凡化合物得到的：草碱、火碱和生石灰。电解法不仅是分离未知元素的重要技术，还证明了化合物中把原子结合在一起的力，本质上也是电磁力。

　　如果你认真研究一下不同元素之间的相互作用，它们在反应中倾向于有何种表现——它们的"个性"——你会意识到一个意义深

1　在 19 世纪后半叶，法国皇帝拿破仑三世在他举办的一次宴会上，采用了铝制而非银制餐具来取悦他最尊贵的来宾。离奇的是，铝是地球上最普遍的金属，同时也是最宝贵的金属。然而随着人们开发出合适的熔剂，并采用电解法进行大规模生产，曾经有着服务于帝王宴会之尊荣的铝，如今沦落到被制成饮料罐被千百万人任意丢弃。

远的基本真理：元素并不是孤立的，而是可以依据行为的相似性被归入元素族，就像家庭一样。这种模式的发现让化学的世界有了结构，就像对生物之间形态相似性乃至亲缘关系的揭示，让生物世界有了秩序一样。比如钠和钾都是极其活跃的金属，会生成火碱和草碱等碱性化合物，你可以通过电解这些化合物提取这两种金属，而氯、溴和碘都能与金属反应生成盐。如果你把已知的元素排成行列，把性质相近的放在同一列中来代表某种潜在的重复性模式，那么你就创造出了元素周期表。

现代元素周期表是人类成就的一座丰碑，与金字塔或者任何其他世界奇迹一样伟岸。它绝不仅仅是多年以来化学家们已经识别出的元素的综合性列表，还是一种知识的组织方法，让你能够预测未曾发现之物的详细性质。

比如说，在1869年，当俄国化学家德米特里·门捷列夫（Dmitri Mendeleev）第一次用当时已知的60多种元素组织成一张元素周期表时，发现了表中有一些缺口——对应着不明物质的空格。不过这张表的精彩之处是，他可以凭借它精确预测这些假想元素的性质——就像"类铝"，铝下方那个空格里的缺失元素。尽管还不曾有人见到或者触摸过这种假想中的物质，但仅仅根据它在表中的位置就可以推测出，它是一种有光泽的韧性金属，有一定的密度，在室温下呈固态，但是相对金属而言，熔点低得不同寻常。几年之后，一位法国人在矿石里发现了一种新元素，用他家乡的古称为其命名为镓。很快，人们就搞清楚了，这就是门捷列夫预言中缺失的类铝，而他对熔点的预测也一点不差：镓在 30℃时就会熔化成液体——一种捧在手里都会化的金属。[1]

元素具备内在模式——凭借这样一个简单的事实，你将可以更好地组织安排对于物质构成以及如何合理利用天然材料不同性质的探索。现在让我们在"物资"一章和"材料"一章的基础上，看一下化学的两种有用但略显复杂的应用——炸药和摄影。

炸药

你或许认为，炸药这种技术恰恰应该从文明重启手册中剔除，以便尽量延长人们和平共处的时间。不过炸药当然有可能被用于战争（或者防御）目的，而且在历史上，为了实现炸药的安全存储以及对爆炸力的导向，制造出可靠的火炮或者枪械，冶金学也一直伴随着炸药的化学制造方法得到了共同发展。但是可以说，和平的应用对于复原中的文明而言要重要得多：放在猎枪中，在采石场或者

1　从 20 世纪 30 年代，我们开始更进一步往周期表底部的行中填入自然界并不存在，而是用技术手段制造出的元素——这些元素的原子核里塞了太多的质子和中子，因此极度不稳定，被制造出来之后，几乎立刻会在放射性爆发中重新分崩离析。因此，在我们自己的历史上，我们不仅合成了新材料——玻璃之类的非金属烧制品或者钢合金等金属混合物——或者有机聚合塑料那样的新型分子，还学会了如何转变元素本身，实现了炼金术士们的梦想。只要专注努力，跟随我们脚步的文明就会实现同样的壮举。

采矿场炸开岩面，或者开辟隧道和沟渠时，炸药都非常有用。而且在后末日时代的世界中，最重要的或许就是拆除破败失修而且不安全的高层建筑，回收利用它们的构件，并在文明再次扩展到久被遗弃的区域时，为重新开发而清理出土地。不管怎样，科学知识本身是中性的：它被应用到的目的才有善恶之分。

要想制造一次爆炸——一个冲击着耳膜、能够粉碎岩面或者推倒建筑的迅速膨胀的脉冲——你需要在一个小空间内突然制造一团压强非常高的气体。做到这一点的最佳方法是利用狂暴的化学反应，将固体物质转化为炽热的气体，后者占据的空间远大于前者，因此会从反应点迅速向外膨胀。比如，现代步枪子弹后面装填的弹药只有糖块大小，但是受到触发之后，它会与自己发生反应，在耀眼的光芒中产生体积大约相当于派对气球的一团气体。约束在狭窄枪管里的这团气体在迅速膨胀时产生的推力，足以让子弹以声速冲出。

你可以把固体燃料碾磨成细粉，增大与空气的接触面积以加速燃烧，从而造成爆炸。煤粉和面粉都燃烧得极其剧烈（甚至蛋挞工厂中也会发生爆炸）。更好的解决方案是不必再从空气中获得氧气，而是在燃料中以适当的比例混入足够的氧原子，帮助其实现快速燃烧。能够充足地供应氧原子——或者说得更具普遍性一点，容易从其他化学物质那里夺取电子——的化学物质叫作氧化剂。

非常讽刺的是，历史上最早的炸药是9世纪中国寻求不老药的炼金术士配制出的黑火药。火药由燃料或者说还原剂木炭和氧化剂硝石（如今叫作硝酸钾）磨碎混合制成。在混合物里掺入一些黄色的硫元素会改变反应的最终产物，并且意味着会有更多的能量留给那轰然一响。火药的最佳配方是将等量的硝石和硫黄与6倍分量的木炭燃料混合，配成蕴藏着能量、只待一鸣惊人的化学"鸡尾酒"。

火药中的硝酸盐成分需要要一点化学花招才能制造出来。在历史上，用来制造炸药及肥料的硝酸盐来源非常卑微：发酵成熟的粪堆里含有大量把含氮分子转化为硝酸盐的细菌，你可以利用相似化合物却有着不同的水溶性这一事实来提取它们。所有的硝酸盐都易溶于水，而氢氧化物却往往不溶于水。所以用几桶石灰水（氢氧化钙，参见"物资"一章）浸渍粪堆，大部分矿物会继续以不溶于水的氢氧化物的形式留在粪堆里，而钙会与硝酸根离子结合并流出。收集这种液体并拌入一些草碱。钾离子和钙离子会交换阴离子，生成碳酸钙和硝酸钾。碳酸钙不溶于水——它是石灰石和白垩的成分，而英国多佛的白崖显然不会随着每次海浪的冲刷而慢慢消失——但是硝酸钾溶于水。所以滤掉白色粉末状的沉淀，再煮干水分，便留下了硝石的晶体。要想知道你的提取有没有成功，一个很好的测试方法是用这种溶液浸润一张纸，然后让它风干——如果你得到了硝酸钾，它就会烧成一团哧哧作响、光芒夺目的火焰。

提取硝石的化学方法非常直截了当，麻烦在于随着恢复中的文明需求的增长，如何为制取过程找到足够的硝酸盐原料。只有在非常干燥的环境中（硝石非常易溶于水，所以容易被冲刷掉）才能找到合适的矿物沉积，如南美洲的阿塔卡马沙漠，另外鸟粪中的含量也非常大。硝酸盐在肥料和炸药两方面的应用，使它们在19世纪末成为一种重要物资，曾有人为了争夺几座荒凉小岛上覆盖的鸟粪而发动战争。我们在本章还会再次探讨，如何让你把发展中的文明从氮短缺的束缚中解放出来。

尽管火药通过把燃料和氧化剂粉末紧密混合来支持快速燃烧，但其实还有一个更好的方法可以确保更加剧烈的反应，并造成更加强烈的爆炸：把燃料和氧化剂混到同一个分子当中。很多有机分子在与硝酸和硫酸的混合物反应（见"物资"一章）时被后者氧化，分子被附着了成群的硝酸根。比如，用硝酸氧化纸或者棉花（二者都由植物纤维素纤维构成）就会制造出极其易燃的硝化纤维——火纸或者火棉。

另一种比火药更猛烈的炸药是硝化甘油。这种清澈的油状炸药是甘油经过硝酸处理做成的，是制造肥皂时的副产品，对此我们曾在"物资"一章中有所介绍，但是它极其不稳定，稍有风吹草动就可能在你眼前爆炸。阿尔弗雷德·诺贝尔（Alfred Nobel）找到了一种保持其破坏潜力的解决方案，就是用对震动很敏感的硝化甘油浸透锯末或黏土之类成团的易吸收材料造出炸药棒（正是利用这一发明带来的财富，诺贝尔设立了那个著名的奖金，用来表彰在科学、文学和和平方面对人类做出贡献的人士）。

所以说，强力炸药的生产有赖于作为强氧化剂的硝酸，而在摄影以及利用银的化学性质捕捉光线的技术中，这种酸同样派得上用场。

摄影术

摄影是一项绝妙的技术——一种驾驭光线记录画面的方法，捕捉时光的一个瞬间，永久性地保存下来。一张节日照片哪怕在几十年之后，也能激起生动的回忆，它记录世界时的忠实可靠是记忆永不可能企及的。然而，除了醉醺醺的派对照片、家人肖像或者激动人心的景观照，在过去200多年里，摄影术不可比拟的价值体现在为人们呈现肉眼看不到的事物上。对科学的好几个领域来说，摄影都是关键的先决性技术，而在加速重启时也将起到至关重要的作用。摄影使研究者能记录下非常微弱或者因为太快或太慢而无法被我们感知的事件和过程，或者在我们看不到的电磁波段上记录。比如说，可以通过延时曝光在人眼无法做到的长时间内捕捉微弱光线，方便天文学家研究大量暗淡星体，通过细节确定模糊的光斑到底是星系还是星云。[1]摄影感光剂也对X光敏感，因此你可以拍摄用于身体内

1　哪怕是在很久以后，你仍然可以用照相机证明我们这个技术发达的文明曾经存在过。朝天赤道（与天极成90度夹角的区域：见"时间与地点"一章）附近的夜空拍一张照片，由于地球的自转，曝光1~2分钟就会把所有的星星拍成弧形的线条。但是偶尔你会发现非常奇特的东西：一点都没有被拉成线条的光点。这些看上去在天空中静止不动的物体移动的速率，恰好和地球的旋转相同，显然是被有意以这样的设置安置在地球周围的人造物体。它们是同步轨道卫星，运行在赤道上空轨道周期正好等于1天的特殊高度上。这样的卫星会固定在地球上某一点的上空，因此是合适的通信中继。它们的轨道也是稳定的，在我们的城市与其他造物都已经化作齑粉，葬于地下很久之后，它们仍旧会在一尘不染的太空环境中，充当我们这个技术文明的纪念碑。只要你知道如何做，就很容易看到它们。

部检查的医学图像。

摄影术背后的关键化学原理很简单：某些银的化合物在阳光下会变黑，因此可以用来记录黑白图像。技巧是制造一种能够均匀抹在薄片上的可溶银化合物。不过，把它转化为不可溶的盐的同时，还要保证它会附着在你的照相介质外表面上，不会被洗掉。

在纸上涂一层溶解了一些盐的蛋清，并让它风干。把一些银溶解到硝酸里，硝酸会把银氧化成可溶的硝酸银[1]，把这种溶液抹到你准备好的纸上。氯化钠会与之反应，生成氯化银，这种物质对光敏感，又是不可溶的，蛋清会阻止感光剂被纸纤维吸收。一枚银茶匙里含有的纯银，可以拍摄超过 1 500 张照片。

光线照射到这张感光纸上时，其能量会解放颗粒中的电子，把氯化银还原成金属银。大块的银，如打磨过的盘子，有着明亮的光泽，但是一片细小的金属晶体会发散光线，所以看起来是黑的。另外，感光纸没有暴露于光线中的部分仍然是白色的。曝光之后的重要步骤是停止这种光化学反应，以便固定住捕捉到的阴影。硫代硫酸钠是今天仍然被使用的定影剂，而且比较容易制备。将二氧化硫气体（第 123 页）通入苏打或者火碱溶液，然后加入硫黄粉末煮沸，

1　既然我们讲到了与银有关的化学知识，有必要提一下银的另一种重要功能：制造镜子，除却满足虚荣心之外，镜子还是高性能望远镜或者导航用六分仪不可或缺的重要组件。碱性的氨溶液（见"物资"一章）与硝酸银和少许糖混合，涂抹在一块干净玻璃的背面。糖把银还原成纯金属，从而直接在玻璃表面沉积下亮光闪闪的薄涂层。

干燥后得到的"海波"晶体，就是硫代硫酸钠。

用光密盒子里的镜头把图像投射到盒子后部的感光纸上，便制成了一台照相机，但是即便在明亮的阳光下，这种原始的银化学反应也有可能要花上几个小时才能拍摄出一张照片。幸运的是，你可以用显影剂大大增强照相机的灵敏度——通过化学处理，你可以使部分曝光的颗粒完成转化，把它们彻底还原成金属银。硫酸亚铁是一种良好的显影剂，很容易通过把铁溶入硫酸而制得。当后末日社会的化学水平有所提高，你可以把氯替换为它同族的亲戚，如溴或者碘，由它们制成的感光剂对光线敏感得多。

然而，接触光线才会让感光颗粒因为金属银而变黑，而影像中的阴影部分还保持白色，这就意味着拍出的照片在色调上与我们眼中所见正好相反——你得到的是一张"负片"。没有什么快速的化学反应能够产生永久性的正片——没有本来是黑色而在阳光下又会很快褪色的物质——因此，照相术受到了这种负片产品的拖累。如果把这种黑白颠倒的负片生成在照相机里的透明介质上，那么只需要在光敏纸上方用负片做一个蒙片，追加一次打印的步骤，这样明暗图形就会再次反转变成正常。意识到这一点，便是完成了一次必需的概念性突破。湿版棉胶法将火棉融入乙醚和乙醇的混合液中——这几种物质我们在本书中都已经介绍过——能制出一种像糖浆一般的透明液体。它非常适于和光化学物质一起涂到玻璃板上，然后在干燥成坚硬的防水膜之前曝光成像。如果你使用明胶（我们在"物资"一章中介绍过的，从动物骨头中熬出来的胶质），就能制造出光敏性更强的干底片，曝光时间也可以更长。

作为一个奇妙的例子，照相术证明了将几种已经存在的技术结合起来，并使用比较容易制得的物质和材料，就能创造出新的应用。建造一个耐火土衬里的烧窑，把硅砂或石英溶解到熔化的纯碱当中，你就可以制造自己的玻璃了。取一团玻璃磨成凸透镜，另一块磨成矩形平板作为底片，再借用你的造纸技巧，就可以拍摄出平滑的照片。摄影术的化学原理用到的酸和溶剂，都是在本书中一再被提到的，你可以用来自银勺、粪堆和食盐的化学物质拍摄出原始的照片。事实上，假如你通过时空旋涡回到了 16 世纪初的那几年，也会很容易采集到制造一部基本的照相机所需要的所有化学物质和光学零件，所以你应该向霍尔拜因（Hans Holbein）展示一下如何给亨利八世照相，而不是画油彩肖像。

将元素周期表填补完整、将炸药和摄影术用作再发现的工具，对于灾难后的文明复兴而言，都会是重要的活动。但是当社会已经复原并开始兴盛，对于我们在本书中探讨过的基本物质，社会的需求量将越来越大。为了满足这些需求，文明将必须发展出更加先进的工业化学方法。

工业化学

我们经常听人说起工业革命和那些机械装置的奇妙创新，减小了人类劳动强度的同时，也极大地加速了18世纪社会的进步和转型。然而对于向先进社会的转变而言，发明新的化学方法，大规模合成对社会运行来说至关重要的酸、碱、溶剂和其他物质，重要性并不亚于自动化的纺纱机和织布机以及制造轰隆运转的发动机。

本书中提到过的很多重要必需品，都需要用同样的反应剂来促使采自环境的原材料转变成需要的货物和产品。随着复原过程中人口规模一代代地增长，我们介绍过的原始方法将无法满足对这些重要物质的需求，因而有着阻碍进一步发展的危险。

在这里，我们将关注两种物质的制造。如今已成为发达世界的西方在历史上曾经悲惨地受到这两种物质的制约：18世纪晚期的苏打和19世纪晚期的硝酸盐。到了后末日时代，保证这两种物质的充足供应也会不可避免地成为社会的必备能力。那么，一个恢复中的社会该如何解放自己，不再受困于从灰烬中提取苏打或者从粪便中提取硝酸盐的窘境呢？让我们从大规模合成苏打开始讲起。在我们的历史上，这种能力标志着工业化学的开端。

我们已经介绍过，纯碱（碳酸钠）是一种至关重要的化合物，全社会很多种生产活动都会使用到它。作为一种不可替代的熔剂，它可以熔化沙子制造玻璃（当今全世界超过一半的碳酸钠产量都被用于制作玻璃），纯碱被转化为火碱（氢氧化钠）之后，在制作肥皂以及分离造纸用的植物纤维的工艺中，也是核心化学反应的最佳助力剂。玻璃、肥皂和纸是文明的支柱，自中世纪以来，我们就在依赖一种廉价而且能够持续供应的碱来制造这些物资。

　　传统上，人们使用的碱是木材燃烧后提取的草碱。到了18世纪，欧洲大部分地区的森林都已经遭到了砍伐，这就意味着草碱必须从北美洲、俄罗斯和斯堪的纳维亚半岛进口。不过对很多应用而言，纯碱更加合适一点（用纯碱制造的火碱是一种远比苛性钾更强的水解剂）。在西班牙，人们焚烧当地的钾猪毛菜提取纯碱，在苏格兰和爱尔兰的沿海则是焚烧被暴风雨冲刷上岸的海带。碳酸钠还可以从埃及干湖床的矿物泡碱沉积物中开采。然而到了18世纪后半叶，随着欧洲人口和经济的增长，对苏打的需求开始超过了这些自然资源的供应能力，而这样的情形也将注定发生在重建的社会中。普通海盐和纯碱在化学上是亲戚[1]，那么你能否将一种从本质上讲无穷无尽的物资，转化为具有重要经济价值的商品呢？

　　法国化学家尼古拉斯·吕布兰（Nicolas Leblanc）在18世纪开发出了一个简单的两步操作方法。这个方法是用盐和硫酸反应，然后把生成物与粉碎的石灰石和木炭或者煤炭混合，在火炉中烘烤到大约1 000℃，形成一种黑色的灰状物质。你所感兴趣的碳酸钠是溶于水的，所以可以采用从海藻灰烬中提取它的方法，将它浸泡出来。然而，尽管吕布兰的这个方法可以很容易地把盐变成苏打，使你不必再受到燃烧植物或者矿物储量的限制，但它其实非常低效，而且

1　在现代系统命名法中，我们会说普通海盐（氯化钠）和苏打灰（碳酸钠）是同一种碱基（氢氧化钠，也就是俗称的火碱）生成的盐。

会生成有毒废料。[1] 所以在理想情况下，重启中的文明应该会希望越过这个简单而浪费的方法，直接采纳更加高效的体系。

氨碱法略微复杂一点，但是巧妙地采用了氨来形成闭环：它使用的试剂在体系中是循环的，最大限度地减少了那些造成浪费的副产品，也减少了污染。氨碱法的核心化学反应是这样的：当一种叫作碳酸氢铵的物质加入浓盐水后，碳酸氢离子就会被置换到钠离子上，结合成碳酸氢钠（和制作烘焙食物时用的发酵剂是一样的），而碳酸氢钠只需要加热就可以变成纯碱。实现这个过程的第一步是让浓盐水流经两座塔，将氨气和二氧化碳分别通入两座塔，溶解到浓盐水中，并结合生成关键的碳酸氢铵。与盐发生的置换反应生成碳酸氢钠，这个产物不溶于盐水，因而会形成有待采集的沉淀。氨是这一步骤的重要原料，因为它保持着盐水的碱性，从而确保了苏打的碳酸氢化物无法溶解，干净利落地把这两种盐分离开来。

这一起始步骤用到的二氧化碳是在熔炉中烘烤石灰石制得的（我们在"物资"一章中介绍过如何为制作砂浆和混凝土烧制石灰，其方法与此完全一致）。苏打被提取出来后，烘烤留下的生石灰被加入盐溶液中，重新生成了一开始通入的氨，可被再次使用。所以总

1　在19世纪早期，这些副产品被作为有毒垃圾直接排放掉：黑色灰烬状不溶于水的硫化钙堆放在苏打工厂周围的田地里，高高的烟囱里喷涌出氯化氢的云雾，对周围的植物造成了巨大的破坏。1863年，英国通过了《制碱法》，禁止氯化氢的排放——这是现代第一次针对空气污染的立法。苏打生产企业的直接反应是在烟囱中淋水除掉这种可溶性气体，然后把生成的盐酸直接排进最近的河流，巧妙地避开了立法，把空气污染变成了水污染！

体上来说，氨碱法只消耗氯化钠和石灰石，除了有价值的苏打，还会生成氯化钙这种副产品。在冬天，氯化钙可以撒在路面上作除冰剂。这一优雅的自维持系统仅仅利用了相当简单的原始化学步骤就实现了重要的氨的再利用，到今天仍然是全世界苏打的主要来源（除了美国，因为怀俄明州在 20 世纪 30 年代发现了大型碳酸钠矿藏）。对复原中的文明来说，氨碱法提供了一个绝佳的可以避免采用那些效率偏低，而且会产生有毒污染物的苏打制取法的机会。

氨碱法把来源丰富的元素钠（普通食盐）转化为重要的碱性化合物苏打。但是用不了多久，不断发展的文明就会遇到另一种重要物资供应有限的问题。如今维系着我们所有人生存的一项基本化学生产过程与元素氮有关，并涉及将一种普普通通的低廉物质不可思议地转化成具有极高价值的产品。

就每天直接影响到的人数而言，20 世纪最重大的技术进步不是飞机、抗生素、电子计算机或者核能的发明，而是一种有臭味的卑微化学物质的合成方法：氨。我们在本书中已经知道，氨和与之有关（因此可以用化学方法相互转换）的含氮化合物硝酸及硝酸盐是支撑文明发展的化学基石。在肥料和炸药的制造过程中，硝酸盐都是不可或缺的原料，但是到了 19 世纪末，工业化世界发生了硝酸盐短缺的现象。需求开始超过了供给，美国和欧洲国家不仅要忧虑保障军队弹药的问题，还要担心如何提供足够的食物来养活人们这一基础性问题。

几千年来，人类对人口膨胀的应对，仅仅是开发更多可供开垦的土地。然而一旦可用土地达到了极限，喂饱增加人口的唯一方法，就成了提高单位面积的产量，就像我们在"农业"一章中讲到的，粪肥还田和种植豆类都是高效的方法。然而等人口到达了某个极限——或可称之为"满员人口"——文明便遇到了一个无法避免的困难。你无法让牲口生产出更多的粪便，因为动物本来就是用土地上生长的植物喂养的，而且你也不能用更多的土地种植豆科植物，因为那样就会减少谷物的种植面积。你遇到了有机农业的承载能力极限问题。

唯一可依赖的方案是，从农业循环外部引入氮。19 世纪，西方农业严重依赖进口鸟粪和从智利沙漠中开采的硝石。但是这些资源很快便消耗殆尽了，1898 年英国科学促进会主席威廉·克鲁克斯爵士（Sir William Crookes）警告称："我们正在支取地球的资本，而我们的汇票并不会永远得到兑现"（今天的我们最好能听从这一警告，因为我们的文明对原油和其他自然资源的贪婪胃口，差不多快要耗尽它们了）。我们留下的世界里，这些天然的硝酸盐矿藏都将不复存在，成熟的后末日文明将很快遭遇这个障碍。

这颗星球的大气里富含氮气——你吸进的每口气中差不多有80% 是氮气——但它也是极不活泼的。2 个氮原子以一个三价键紧紧结合在一起。事实上，氮气是已知最不活泼的双原子物质，这使它很难被转化为可被利用的形式，也就是"固化"它。到了 19 世纪末，人类已经很清楚，找到固氮的方法对文明的发展本身来说至关重要——化学出手拯救人类的时候到了。

　　一种叫作哈珀－波西法的解决方案于1909年被发现后，至今仍在被使用。表面看来，这个方法似乎非常简单。原料仅仅是地球大气层中最普遍的元素氮和宇宙中最丰足的元素氢，两者在反应炉中以1∶3的比例结合形成NH_3——氨。氮气可以直接从空气中获取，今天氢气以甲烷为原料制取，但也可以用电解水的方法获得。让氮参与化合，需要先撕开把两个原子紧密结合在一起的坚韧化学键，而这需要一种催化剂。铁的一种多孔形态，加上氢氧化钾（也就是我们在第116页提到的草碱）作为助触媒，可以提高其效率，很好地促进这个反应的发生。当然，反应永远不会彻底完成，因此气体需要先经过冷却，把预期的产品凝结成氨雨后，才能被导出并存储，而尚未反应的气体再被反复循环经过反应器，直到差不多所有气体都被成功转变。不过，和很多事情一样，魔鬼存在于细节当中，哈珀－波西法实际上相当难以实施。

　　很多化学反应从根本上来说是单向的：就像是单行道，反应物经过它们重组成产品。比如在一根燃烧的蜡烛当中，蜡的碳氢化合物分子在燃烧过程中氧化成水和二氧化碳，但是反向的转化绝不会自然发生。但是，有一些化学过程是可逆反应，相向的两种转变可以同时发生。"反应物"变成"产品"，同时两者也在交换身份。氮氢混合物与氨之间的转化就是这样一种可逆过程，为了让天平朝想要的化合物倾斜，你需要小心控制反应炉里的条件。要想制造氨，这意味着反应要在高温（大约450℃）和高压（大约200个标准大气压）下进行。这些反应器和管道需要承受的极端条件是哈珀－波西法难以实施的原因。我们介绍过其他需要火炉热量的化学过程——比如制造玻璃或冶炼金属，但是固氮的实施是一种远比那些重要过程伟大的高级工程学壮举。如果你在后末日社会无法回收到合适的反应容器，就需要学习如何建造工业级压力容器。

让氮和氢结合生成氨只是第一步。一旦氮被固化，就需要将它转化为一种用途更加普遍的化学物质：硝酸。氨在高温转换器中被氧化——这种转换器不仅仅是一个炉子，还是一个以铂铑合金为催化剂，将氨气本身作为燃料燃烧的容器。汽车排气管内为了减少污染排放而加装的触媒转化器里使用的也是铂铑合金，所以这种催化剂相对比较容易回收。生成的二氧化氮接下来被水吸收生成硝酸。

这两种产品——氨和硝酸——都不能直接倒入农田帮助作物生长：前者碱性太大，后者酸性太大。但是当两者简单地混合起来，就会中和生成硝酸铵，这是一种绝佳的肥料，因为它包含了双倍剂量的可利用的氮。我们在"医药"一章中还曾经介绍过，硝酸铵在医学领域也很有用，因为它会分解释放出麻醉剂氧化氮。而且，它还是一种强氧化剂，因此可以用来制造炸药。[1] 所以，对一个已经发展成工业文明的后末日社会来说，哈珀－波西法将使你不必只能靠收集牲畜或鸟类粪便、浸泡木头灰烬或者挖掘硝石矿藏来满足至关重要的硝酸盐供应，而是让你还能够开采大气中实际上无穷无尽的

1　为了制造俄克拉荷马城的大爆炸，蒂摩西·麦克威把超过 2 吨硝酸铵化肥塞进一辆客车后面。世界上最大的非核爆炸之一发生在 1947 年，当时一次火灾造成一艘装着超过 2 000 吨这种化合物的船在得克萨斯市港口内爆炸。

氮储备。

如今，哈珀 – 波西法每年生产出大约 1 亿吨氨，用这些氨制成的肥料维持着全世界 1/3 的人口——大约 23 亿副辘辘饥肠要靠这种化学反应填饱。由于我们吃下的食物中的原材料都被用来组建我们的细胞，所以我们体内大约一半的蛋白质都是用我们这个物种以自己掌握的技术固化的氮制造的。从某种意义上来说，我们一定程度上都是工业制品。

时间与地点

"一代过去，一代又来。地却永远长存。"

《传道书》，1:4

"废墟在我内心引发了宏伟的想法。一切都会归于无形，一切都
会消失，一切都会逝去，只有世界长存，只有时间永续。"

狄德罗，《1767 年沙龙随笔》（*Salon of 1767*）

在上一章中我们建立了一些相当复杂的工业化学，可以满足迅
速增长的人口在社会复原过程中的需求。现在我打算回到最基础的
地方。幸存者该如何从彻底的一无所有做起，找到两个重要问题的
答案："现在是什么时间"以及"我在哪里"。这绝非无关紧要的消
遣：追溯自己在时间和空间中留下的踪迹是两种非常重要的能力。
前者使你能够测量一天中时间的流逝以及计算日期和季节，而这是
农业生产取得成功的前提。我们将探讨通过什么样的观测工作，你
可以重新建立精确得令人吃惊的历法，以及如果你希望的话，甚至

在遥远的将来推算出当时的年份（每个时间旅行电影中主角都会问出的经典问题）。后者使你能够在没有可识别地标的情况下，在全球确定自己的位置。这对于计算出你当前位置与期望位置之间的关系相当重要，而且使以贸易和探险为目的的航行成为可能。

让我们先来探讨一下时间。

知时知令

了解季节变化的规律，知道播种和收获的最佳时机，可以为致命的冬天或者旱季的到来做好准备，这是任何文明的基本能力。当社会变得更加复杂，其日常工作呈现出更加精细的层次后，确定一天之内的时间就会变得愈加重要。钟表是控制不同活动持续时间以及同步公民生活必不可少的工具。从生意人的开张时段，到市场的开放和关闭时间，乃至宗教社会里到礼拜地点聚集的时刻，一切都要在时间的维度上得到精心的安排。

原则上，一切恒速进行的过程都可以用来测量时间。历史上人们使用过很多方法，而如果所有的钟表都没能保存下来，在重启的初级阶段，它们还会再次派上用场。这些方法包括滴漏的匀速滴水——用漏壶或者受水壶侧面的刻度线来表示时间，或者从小孔中泄出沙子或者其他粒状物质，或者灯油的高度，或者在长蜡烛身上刻下的标度。

时间与地点

　　滴漏和沙漏都基于类似的重力原理，不过与把液体从滴漏底部赶出的压力不同，沙粒从沙漏中流出的速率大体上与剩余沙子的高度无关，这种更加优良的计时器从 14 世纪开始得到了普遍使用。不过沙漏虽然能测量时长，却无法告诉你一天中的时刻（如果没有从拂晓开始便不断翻转沙漏的严格系统的话）。那么，你如何能根据基本原理知道当前的时间？

　　我们忙乱的现代生活结构是被挂钟和工作日志所控制的，但是这些无非是将我们生活的这颗星球的原始节律形式化了。在我们日常经验的时间尺度上，地球的自然节律演进得太慢，大多数人能够感知到的仅仅是日夜的规律变化或者四季有条不紊的循环。让我们动用一点想象力，假设我们能够转动一个旋钮，加速我们身边时光的流逝，让这些行星级的周期律变得更加明显（以下的描述是基于北半球视角的，但是如果你位于南半球，原理也是一样的）。

　　当太阳以更快的速度划过天空，影子围绕着投下它们的物体基部扫过地面。当太阳坠向西方，在一个极其短暂的日落之后消失在地平线之下，天空先是变成靛蓝色，继而被漆黑的夜幕笼罩。遍布夜空的繁星并不是你所习惯的静止不动的点，而是运行在苍穹中的发光细线。它们画出层层相套的同心圆，正中间的北天极看不出任何运动。有一颗星恰好位于这个同心圆图形的圆心，那便是北极星，周围的其他星都在旋转，直到破晓时分的天光乍亮。

　　接下来你会注意到，随着时间一周周过去，太阳在天空中光华夺目的带状轨迹并不稳定，而是缓慢地来回摇摆。夏天太阳的弧状轨迹最高，因此白天长而温暖，但到了冬天太阳几乎像是在抄近道，勉强在地平线上露个面便又匆匆西沉。太阳的轨迹摇摆到最高处或最低处时，摇摆的速率似乎慢了下来，然后停下来，又摆向相反的方向。这两处叫作至日（其英语名称"solstice"来自拉丁语，意思是"太阳静止不动"）。冬至（同时也是南半球的夏至）是一年中最短的一天，这一天太阳从地平线上升起的位置最靠南。在英国巨石阵这样的古代天文遗迹中，有一些标志性物体正对着这些特殊日子的日出位置。[1]

那么你该如何利用这些自然节律和循环来确定时间？

在最基本的层面上，太阳因地球旋转而在天空中的行进[2]，乃至地面上物体变化的影子，都可以指示出一天中的时间。任何曾经试图待在树荫里或者海滩太阳伞下的人，都会对影子的移动有切身的体会。所以如果你在地上立一根直杆，它的影子的旋转就可以指示出时间的流逝。显然这便是日晷的本质。影子最短的时刻是正午。为了得到最精确的结果，杆子应当朝着北天极倾斜，北天极的位置则可以靠我们在第 251 页介绍的北极星来确定。

---

1 曼哈顿网格状的布局中，平行的大街指向天极以东 30 度的方位。每年有两次（5 月底和 7 月中旬），曼哈顿会像一座城市大小的巨石阵，阳光径直照进峡谷般的大街中线。

2 如果你仍然不够确信，你可以证明太阳在天空中的轨迹以及夜晚繁星的转动是我们而非它们的运动引起的。在室内无风的地方，用一根长线悬挂一枚重锤，小心让它直来直去地摆动，不要有任何侧向的偏移。在一天中，这种"傅科摆"的摆动方向看起来像是在转动。但是这个摆是悬在半空中的，不可能有力引起它的扭转。事实上，摆一直在沿着同样的方向摆动，地球本身却在下方转动着。

时间与地点

要想制造一个临时性日晷，可以在杆的底部周围放置一个半球形壳体或者圆弧，上面以 90 度的夹角标出 4 条线。这样就把天球直接映射到日晷的弯曲表面上。扁平的圆形日晷制作起来容易得多，但是标记小时刻度更费时，因为影子在中午时移动的速度比在早晨或者傍晚时慢得多。你可以把一天分成任意几个小时。我们把一整天分成 12 小时的习俗源自古代巴比伦（可能与黄道十二宫有关，也就是太阳和行星在天空中的轨迹穿过的星座）。

不过，历史上计时技术的一次重大革命，以及在复原过程中需要追求的技术目标，是机械的"发条"钟表。[1] 这种奇妙的装置就像心脏有节律的搏动那样嘀嗒作响。实现这种功能需要 4 个主要组件：动力源、振子、控制器和传动装置。

任何机械的首要部分都是动力源，其最简单的形式是在一根轴上缠一根线，线上悬一重锤，当重锤在重力作用下坠落时，轴就会转动。主要的问题是如何约束储能的释放让它慢慢驱动机械运动，而不是让重锤径直落到地面。实现这种功能的装置叫作擒纵机构，我们很快就会介绍它。

机械钟表搏动的心脏，也就是有规律地提供计时信号的部分，叫作振子。理想的低技术解决方案就是简单的一个钟摆：在一根刚

1　这种钟表最早出现在 13 世纪晚期的修道院中，用它们的鸣声呼唤修士去祈祷。事实上，关键的机械结构要比表盘和表针早出现一个多世纪（分针更是又过了 300 年才出现）：最早的钟表并不显示时间，而是精巧的自动响钟系统（事实上，英文中表示"钟表"的 clock 就源自凯尔特语中表示"钟声"的单词）。

性杆上摆动的摆锤。在这里你应用到的物理原理是摆的周期——荡过一个小的角度再回到原位需要的时间——是由长度决定的。哪怕摩擦力和空气阻力慢慢减小了摆动的幅度，摆仍然会准确地保持固定的节奏，正是这个规律让摆成为钟表中一个如此有用的构件。第三个元素控制器所起到的重要作用，是整合来自振子的计时信号，约束动力源。钟摆擒纵机构是一个齿轮，能够不断地锁定再松脱一个随钟摆摇动的双臂杠杆。每次摆到最高点，松开的擒纵机构会在重锤的拉动下旋转一步，而它倾斜的齿会提供一个轻轻的推力，让摆保持摆动。所以这样一个巧妙的结构利用了摆的规律运动，每次只释放一点存储在重锤中的势能。很多计时装置的设计里都少不了长长的摆和高悬的驱动重锤，所以它们看起来就像是高大的老爷钟。

除此之外，设计一个本质上用来进行数学计算的齿轮系统，校准擒纵机构一步一停转动，让从动轮带动钟面上的时针每 12 小时转一整圈，分针则以 60 倍的速度旋转。把 1 小时分为 60 分钟（分钟的英语名称源自拉丁语"partes minutiae primae"，意为"首要小部分"），1 分钟又分为 60 秒（秒的英语名称源自拉丁语"partes minutiae secondae"，意为"次级小部分"），这是古巴比伦留给我们的另一项遗产。摆钟还使我们能够精确地测量自然过程和实验。在我们的历史上，摆钟在整个科学革命中都是研究者们工具包里一个极其重要的装备。[1]

1　本质上来讲，所有的钟表都是记录某种有规律过程的振荡，并把计数展示出来的设备。现代钟表原则上也并无不同，只不过它们利用的物理现象的节律更快更精确：电子表里石英晶体的电子振荡或者原子钟里铯云的微波振荡。

时间与地点

由日晷游移的影子指示出的小时长度在一年之内会有变化：冬天的小时要短于夏天的小时。一年之中只有两天用太阳测定出的小时是等长的：昼夜平分点（其英文名称的字面意义就是"等长的夜"，因为日和夜都是 12 小时）。[1] 这两个特殊的日子发生在春天和秋天，如果当天中午你站在赤道上，太阳会经过你的正上方，而你的影子会消失在脚下。无论在世界上的哪个地方，两个昼夜平分点的早晨都很容易辨识，因为太阳在正东方升起（与你观测出的天极线成直角）。根据机械钟的设置，它们所计算的正是这种标准的昼夜平分点小时（这种小时可以用沙漏在日晷上标注出来，以便以后对照）。日晷展示的是所谓视太阳时，只能固定地记录昼夜平分点小时的机械钟表示的是平太阳时，二者相差可达 16 分钟。随着机械钟表的慢慢普及，有可能产生一种困惑——你所说的时间属于两种计时系统中的哪一个：机械钟长度均匀的小时，还是从日出开始记录小时数的太阳时？因此，从 14 世纪开始，人们有必要特别说明一个时间是"钟表的"时间，如"3 点"。

事实上，你墙上的现代钟表表盘与古代的日晷技术之间，还有一种更加深刻的历史关联。机械钟表用一根在刻度盘上旋转的时针表示时间，这种设计是为了让习惯于读取日晷影线的人凭借直觉就能理解。这种钟表首先出现于中世纪欧洲的城市里，而北半球日晷

---

1 不过白天实际上会略长于 12 小时，因为地球的大气层会折射阳光，在日出之前形成黎明，在日落之后形成黄昏。

指时针的影子总是以同样的方式旋转：我们由此规定了时针的所谓"顺时针"方向。如果在重启过程中，一个机械水平高超的南半球文明重新发明了钟表，表针就有可能按照我们所称的逆时针方向旋转。

如何在一天之内计时就讲到这里。要想从最基础做起，记录下周期更长的时间循环——感受季节的节拍并重新建立历法，你又该如何做呢？

重建历法

让我们再来看一下立在地上的那根杆子。前面已经介绍过，你能根据一天当中它的影子长短变化找到正午时间。如果在连续的很多天里记录下正午时影子的长度，本质上也就是测量太阳的最大仰角，你就会注意到在地球围绕太阳旋转的过程中[1]，影子的长度随着季节的变化呈现出一种周期性。

如果你睡得再晚一点，监测夜空而不是太阳的运动，那么你在天空中就拥有了更多的标志，可以来细分一年，并确定当前时间在

1　你如何证明地球绕着太阳转而不是相反（因此我们并不处于太阳系中心的显赫位置）？你所需要的只是一座足够精确的钟表。经过几夜你便会发现，任意一颗星星每晚升起的时刻都会比前一晚正好晚 4 分钟。如果地球除了像个陀螺似的旋转再无其他运动，那么每晚星星将在同一时刻升起。但是实际上地球的位置在慢慢变化，所以自转要多花一点时间才能将同样的夜空带入视野。4 分钟是 24 小时的 1/365：公转 1 圈的过程中，地球会多出 1 天来。

時间与地点

季节周期中的位置。对任一指定位置来说，在一年当中能够看到的星座是不断变化的。比如有名的猎户座位于天球赤道上，因此北半球只能在冬季的几个月里看到它。更确切地说，每一颗星第一次能够被看到以及再次消失都有特定的日期（你可以凭此精确地数出一年有 365 天）。这些星空事件可以和你在一年中确定的某些特殊日子——至日和昼夜平分点——联系起来，用来计算一年已经过了多长时间，以及预期季节的变化。比如说，古埃及人通过全天最亮的星天狼星的第一次出现，可以预测尼罗河的泛滥和土壤肥力的恢复，那一天在我们的现代历法中大约是 6 月 28 日。

因此，通过记录几项基本的观察结果，你就能重新创立一个一年有 365 天的历法[1]，并把至日和昼夜平分点写进日志，作为把一年平分为 4 份的标记——为季节变迁和协调农业生产立下时间的界碑。秋分和春分——我们已经讲到，这两天也能用来定义你的时钟时——分别大约发生在 9 月 22 日和 3 月 20 日（北半球），至日则差不多是 12 月 21 日和 6 月 21 日。因此，即便幸存者衰退得太严重，以至于

1　事实上，在重启的头几十年里，按照一年 365 日的历法留下的记录，你会注意到天体事件发生的日期会越来越晚。这说明一年的长度并不是恰好 365 天，而是略微长一点（想想看，根本没理由期待地球绕太阳旋转的耗时恰好是自转周期的整数倍）。在 1 460 年之后，特定事件的日期会向后推迟一整年，回到第一年观测到的日期。因此，相对于天球背景，地球每 1 460 年多旋转 365 天。因此，每年你需要考虑多出来的 1/4 天，否则你的历法就会令人尴尬地与季节合不上拍。这就是为什么在公元前 46 年，尤里乌斯·恺撒下令调整日期，引入闰年来确保季节和历法保持同步。

历史上出现了一段没有人保持记录的时期，你也可以通过观察一阵子天上的计时器，计算出当前的日期。愿意的话，你还可以重新启用格里高利历，恢复相对熟悉的 12 个月，再把你已经确定的特殊日子标注回去。

不过，灾难之后或许会有几代人的时间无人记录日志，如果真的那样，还有没有可能计算出当前的年份呢？灾难之后的黑暗时代持续了多久？要想找到上述问题的答案，我们首先要对遍布夜空的繁星拥有令人震惊的认识。

从入夜到黎明，群星在天空中移动，就像一个被扎满了小孔的巨大穹顶在你的头上旋转，每一个亮点与其他亮点之间的相对位置都是固定的，形成了星座图案。然而令人耳目一新的事实是，在远超人类寿命的时间尺度上，星星实际上是在四处乱飞。如果你再次拨快时间（这一次要快得看不清地球的自转），你将看到繁星穿来刺去，如同漆黑洋面上的泡沫一般漫天打转。这叫作天体的自行，是因为其他的恒星都在以自己的轨道绕着银河系中心旋转。

为了在不远的将来某一未知时刻确定年份，最值得感兴趣的目标是巴纳德星。它是离地球最近的恒星之一，但也是一颗古老的小恒星，发出的红光暗淡得可怜，因此虽然离我们很近，却还是无法用肉眼看到。不过，只需要一部几英寸口径的普通望远镜，就能够很轻松地观测到巴纳德星。虽然观察这颗星略有难度，但它可以成为天空中一个天然的时间指示器。由于离我们很近，它的自行速度是已知星体中最快的，每年在天空中移动差不多 3/1000 度。这可能

时间与地点

听起来没有多少，但是和其他所有星星比起来可算是风驰电掣了，在人的一生中，它几乎能够移动半个满月直径那么远。因此，要想在未来确定日期，恢复中的文明只需要观测下图图一中显示的那一部分天空——如果采用摄影术的话，这个工作会更加简单，标出巴纳德星的当前位置，再从时间线中读出当前年份。

在更长的时间尺度上，你可以利用地球自转轴的进动。就像个旋转的陀螺一样，随着时间的推移，我们这颗星球的自转轴会慢慢摇晃，画出一个圆形的轨迹。北极星目前恰好位于地球自转轴的方向上，因此是唯一看上去没有在天空中绕行的星星。现在并没有与之对应的"南极星"，因为地球自转轴在南天正指向一个无星的区域。在 1 000 年之内，北极点将在空荡荡的天空中游移，途经其他星

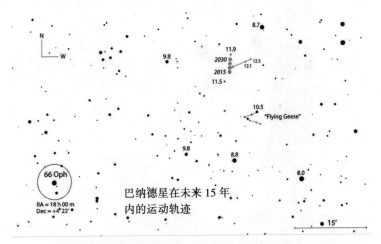

**巴纳德星拥有夜空中最快的自行速度，对它的观察可以用来
在历史记录中断之后重新确定当前年份**

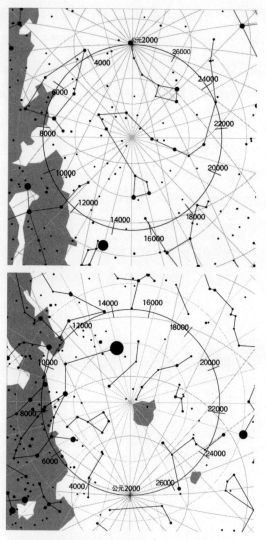

由于地球自转轴在接下来 2.6 万年内的进动，
北天极（上）和南天极（下）的旋转

星，到公元 25700 年将完成一整圈，回到耶稣诞生那年的位置（这种晃动的另一个后果是，太阳运行路径经过天球赤道、春分和秋分线的位置也会在天空中移动，因此这个过程叫作分点岁差）。观察当前的天极位置是一个相对简单的任务，尤其是如果你已经重新发展出了基本摄影术，能够绘制出地球自转形成的星体移动轨迹的话（这需要大约一刻钟的曝光时间）。把你找到的天极与上一页的星图时间线比较一下，就可以读出当前已经到了哪个千年。

　　记录地球的各种运动可以让你确定一天中的时间，并重新建立历法，为农业生产预测季节的变化。但是你又该如何确定你在地球上的位置，或者更进一步，你该怎样学会有效地在不同地点之间航行呢？

我在何方？

　　在陆地上熟悉的地标之间移动或者沿着海岸线航行，都是比较简单的。但是离开了这些令人心安的向导——比如穿越平淡无奇的辽阔海洋——你又怎么才能确信自己走对了方向呢？公元 7 世纪的中国水手最早利用了天然磁石（在中古英语中这种磁石叫作“指路石”）不可思议的指方性质，后来又采用了磁化的铁针。这种罗盘针的工作原理是把磁针的方向转到和地球磁力线平行，用两端对准了地球的两极：如果标记出指北的一端则会更加好用。罗盘不仅能够让你在没有其他外部参考的情况下保持一贯的航向，如果你能看到两个（或者更多）凸显的地标，还可以测量出它们相对于罗盘的方位，用三角法精确测定出你在地图或者海图上的位置。尽管通过观察晴朗的夜空你总可以找到北方或者南方，但在阴天的时候，罗盘就成了一个很棒的导航工具。不过要注意，地球自转形成的天极和地球翻腾的铁核形成的磁极并不完全重合。偏差在赤道地区只有几度，但是当你朝某个极点航行时，罗盘指示的方向与真正的北方之间的差异就会增大。

如果你不得不完全从头做起，找不到任何磁体，那你随时可以用电制造一个临时的磁场。我们在"为民供能"一章中已经介绍过如何用交替堆叠的两种不同金属制作一个原始的电池，然后使电流流过缠成线圈的铜丝形成电磁场。一旦通电，这个装置可以用来永久性地磁化任何铁质物体，如适合制作罗盘的细针（如果你真的要从头开始，到"材料"一章看一下如何冶炼金属）。

罗盘能告诉你方向，结合已经绘制好的地图和陆标也能告诉你位置。但是有没有一种更加通用的系统，能够在地球表面的任一点确定你的位置呢？原来本章旨在解答的两个基础性问题——"现在是什么时间"以及"我在哪里"——的答案之间的关联比你以为的要紧密。

为了确定你的位置，第一个要解决的问题是设计一个系统，让地球上的每一个点都拥有独一无二的地址。描述一个湖在镇子西南

时间与地点

方 3 英里处是没问题的，但是怎样定位一个新近发现的岛屿或者你在茫茫大海中央的位置？诀窍在于，为地球找到一个天然的坐标系统。

在纽约这种有着规整的格子状布局的城市里，找到你的路线相对是比较容易的。"大道"都大体上呈东北—西南走向，"街"则与"大道"成直角，而且大部分道路都按顺序编了号。到曼哈顿任何一个地点的方法都比较简单直接：沿着一条大道走到目的地所在街的路口，然后转到街上直到抵达目标。曼哈顿中心城区某个场所的地址可以简单地用它所在的交叉路口来表示：23 街与第七大道。或者如果所有人一致同意先说街号再说大道号，你只要有一对数字就可以了：(23，7) 或者 (4，百老汇)。在这种情况下，地址远不仅仅是一个标签而已：它是一对坐标值，精确地定位了城市中的一个地点。通过在路口查看路标找你在网格中的当前位置，就可以立刻确定沿着或穿过街区抵达目的地的直接路线。

一种与此类似的坐标系统适用于整个星球。地球几乎是一个正球体，自转轴定义了北极和南极，赤道是环绕地球正中央的一个环。由于这种球形的几何形状，划分区域的合理方式是采用以固定角度隔开的线条，而不是像在理想化的城市网格中那样，采用以固定距离隔开的线条。那么想象一下，站在北极点，朝南极点画出一条跨越整个地球的线，然后旋转 10 度，画出另一条线，以此类推直到转过 360 度，也就是完整的一周。与此类似，在两极之间的正中央把地球划分为两半的圈定义为赤道，然后从赤道开始，在走向北极和南极的过程中，每走 10 度画下一个小一圈的环，走到极点时刚好经

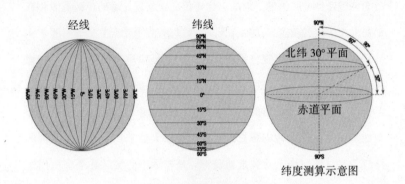

经线　　　　　纬线

纬度测算示意图

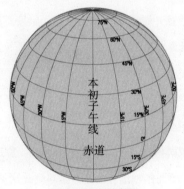

地球经纬度示意图

赤道大圆弧

子午线大圆弧

大圆弧

时间与地点

过了 90 度。

极点之间南北方向的线叫作经线，赤道两侧环绕地球东西方向的环叫作纬线。纬线都是平行的，而经线以直角与纬线相交。因此，在地球的赤道附近，经线和纬线大体上类似于曼哈顿平面的街道体系，而由于地球是球形的，方形的网格越接近极点越扭曲。就像曼哈顿的道路一样，你需要设定数字坐标的起始点。赤道显然是 0 度纬线，但是并没有天然与之对应的 0 度经线：我们纯粹是出于历史上的惯例，才把经过伦敦格林尼治的经线定为"本初子午线"。

要想利用这个通用地址系统确定你在地球上任意一处的位置，要做的仅仅是指出你在赤道以北或者以南多少度（纬度），以及你在本初子午线以东或者以西多少度（经度）。此时此刻，我的智能手机显示我在北纬 51.56 度、西经 0.09 度（我在伦敦北部，离格林尼治不远）。

因此，我们最早向自己提出的问题——如何在世界上的已知位置之间航行——干净利落地细分为两个独立的问题："如何确定我的纬度？"以及"如何确定我的经度？"

纬度其实相当容易确定：图案丰富的夜空提供了充足的信息。在环状的群星轨迹静止不动的圆心处，北极星高悬在北极的正上方，因此显而易见，你和赤道之间的角度正好等于北极星与地平线之间的夹角。确定你在地球上纬度的问题，直接转变为测量星星仰角的问题。

最简单的方法是用散落四处的零碎物品拼凑一台航海用四分仪。

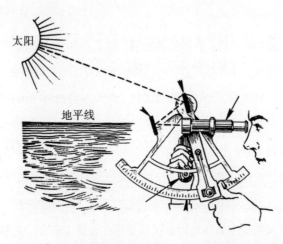

太阳

地平线

六分仪。组件包括观测望远镜、半透镜和角度标尺

在一张卡纸或者薄木片上画出 1/4 个圆，再在圆弧上标出 0~90 度。在一条直边的两端安装两个准星用来观测目标，在角上固定一根铅垂线，其竖直下垂，在刻度上指示出仰角。这样一个基础的设备虽然称不上复杂，但你还是能够利用它观测北极星，并以几度的误差确定你在地球上的纬度，这相当于在几百千米的误差范围内确定你在赤道以北多远的地方。

18 世纪 50 年代，一种优雅和精确得多的仪器被发明了出来，而且时至今日它仍是一种被广泛使用的备用导航设备，可以在停电或者 GPS 失效的情况使用。六分仪的基本形状是相当于整圆 1/6 的一个扇形，也因此按照早期的四分仪以及后来的八分仪的方式得到了这个名称。六分仪可以测量任意两个物体之间的角度，而它对航海最有用的一项功能是它可以非常精确地给出太阳、北极星或者任何其他星星在地平线之上的仰角。在回溯历史的过程中，这种极其有用的装置的设计很容易复制，而一旦重启中的文明恢复了金属成形、镜头磨制和镜面镀银的基本能力，你便掌握了制造六分仪的先决性技术。

六分仪的框架是 60 度的一个扇形，很像是一块被竖起来而且尖端对着天空的比萨。一根旋臂固定在尖端，悬垂下来指向弧边上的角度。六分仪的关键零件是安装在前部边缘的一块单向透视镜，操作者透过它仍然可以看到前方。臂轴上的一枚角镜会把它指向的任何景象反射到单向透视镜上，从而把两个景象重叠起来，呈现在操作者眼前。

要想使用六分仪，观察小瞄准镜，则需倾斜六分仪，用前方的半透镜对准地平线。然后旋转旋臂，直到太阳或者任何目标星体的倒影被反射下来，看上去刚好位于地平线上（两块镜片之间可以插入一块黑玻璃来把强光减弱到安全的程度）。仰角将在摆臂下方的刻度上指示出来。

一旦你重新掌握了群星构成的图案，记录下了不同日期和时间最亮的标记性星体的位置表，哪怕在北极星被遮挡的情况下，也可以通过观测任何一颗星星来确定你的纬度。而一旦你把不同日期和纬度的正午太阳高度排列成表，就可以利用六分仪和日历在日间反推出你的纬度。只要你学会了如何阅读，天空就会成为一件绝好的混合型工具——既是罗盘，又是指示当地时间的钟表。

不幸的是，确定位置所需的另一个坐标值，经度，就没那么容易搞定了。很难借助天空判断出你在本初子午线以东多远的地方，因为地球的自转总是带着你朝那个方向行进。拿纽约类比来说的话，17 世纪的水手们很容易知道他们身处第几街，但计算出位于第几大道却几近不可能。他们唯一的办法就是用航位推测法——推算出方位和估计速度，希望自己不会被未知的洋流推离航道太远——航行到确信还没有越过目标的纬度上，然后沿着纬线朝东或者朝西航行，直到幸运地撞上他们的目标。

地球自西向东自转使得太阳和星星在天空中有明显的运动。我们根据太阳的位置定义白天的时间（参见我们在前文介绍的日晷基础知识），所以确定经度的问题——你从一个选定的基准线开始，围绕世界转过了多少角度——变成了如何确定在同一时刻基准线和你的位置之间差了多少时间。地球在 24 小时内旋转 360 度，所以正午时刻相差 1 小时相当于经度差 15 度。事实上，你几乎肯定亲自深刻感受过经度问题的解决方案：现代高速飞行器能以我们的身体来不及适应的速度，把我们带到与当地时间差异很大的遥远地方——在出现 GPS 之前，导航员们利用的是这种时差感背后的原理。

所以，为了求出关键的第二个坐标值来确定你的位置，你可以使用六分仪观测出所处位置的时间，并将它和本初子午线的当前时间比较。不过麻烦在于，如何把基准线上的时间传送到地球上遥远的区域。

最终经线问题的破解是因为合适的钟表被发明了出来：不惧公海上的颠簸和摇晃，在经年累月的航行中保持足够精准。显然摆钟

时间与地点

和重锤驱动系统无法用于航海钟，而发条则可以实现这两种功能。用游丝可以制作出合适的振子：把一根细金属条缠成螺旋状，围在一个往复弹跳的重环的轴上。它的功能与摆类似，但是在振荡末端存储的动力，是由上紧的发条而不是重力提供的。拧紧后的螺旋状发条在其紧张状态下存储着能量，也可以提供动力驱动钟表机械。这是一种远比持续下落的重锤更加紧凑的动力源，但是以这种方式使用发条引出了一个新问题，必须通过另一项发明得到解决。麻烦在于，随着簧片的展开，它提供的动力也在变化：一开始最强，而后随着张力的释放逐步减弱。均衡动力以便调整钟速的最佳方法是把发条未被固定的一端连接到一根链子上，而链子缠在均力圆锥轮上。这样，随着发条的展开，它在均力圆锥轮上的施力位置越来越向横截面半径大的一端推移，从而借助不断增大的杠杆效应巧妙地补偿了动力的减小。

对湿度和温度（会影响润滑油黏稠度和发条硬度）的涨落以及其他变化具有自动补偿机制的复杂钟表是一种非凡的设备，它几乎魔法般地把时间严密封存在牢笼之中，就像是瓶中的妖怪。[1]而要想在文明的重建过程中直接跳到这个阶段，麻烦在于有时候仅仅知道问题的解决方案也是不够的。魔鬼有时候藏在最小的细节处，而在

---

1 大型测量船往往会携带多个计时器，以便用相互抵消的方式控制误差，并且互作冗余备份。"小猎犬号"在 1831 年出发时，至少携带了 22 个计时器，目的就是确保在异国他乡（这其中包括加拉帕戈斯群岛，达尔文对那里野生生物的观察促使他提出了进化论）能够准确地定位。

恢复高级文明的过程中未必总有捷径或者这种跨越的机会。专注而执着的钟表匠约翰·哈里森（John Harrison）花费了大半生的时间设计并制造了足够准确的航海钟，并在这个过程中让很多新型机械的发明成为必需，包括极大地减少摩擦力的带罩滚珠轴承和抵消热胀的双金属条。

那么有没有其他办法绕过这个问题呢？很显然，只要有可靠的钟表或者电子表保存了下来，你所要做的就是在出发时把一个钟表的时间设定为出发地时间，在航行过程中把它放在你的口袋里，并拿出来与所在地时间（还是需要靠六分仪观测来确定）比较，从而计算出当前的经度。但是如果没有遗留下来的计时器了呢？

18 世纪早期的一个问题是，尽管可以观测出所在地时间，却没有办法从远方得知格林尼治的当前时间。哈里森的最终方案是随身携带着一份格林尼治时间的复制品，但是假如格林尼治可以定时把它的时间发布给全球的船只，也一样能够解决问题。曾经有一种轻率的建议是在大洋中间设立由抛锚固定的信号船组成的网络，传递标志着伦敦时值正午的炮声。但是我们现在知道的一种远距离信号传递方式比这实际得多：无线电。

在科学发现与技术的网络中，沿着另一条路线复兴的后末日文明可能会为全球航行找到另外一个解决方案。它可能会发现，比起重新创造出足够精确的计时器那惊人复杂的运行机制和代偿结构，制造原始的收音机（见"通信"一章）是一种更加容易实现的愿景。（不过这显然又要依赖恢复其他技术的速率——你如何判断精细的机

时间与地点

械嵌齿和发条与电子器件哪个相对更复杂？）有规律的计时信号，可以从任意一条被选为基准经线的原初子午线广播，并由地面站或者其他船只转播到万里之外。这样，你在文明恢复的早期可能会见到一种景象是，木壳的帆船穿梭在全世界的大洋上，看上去和它们在大航海时代的先辈一样，只是有一点微妙的区别：主桅杆上竖着一根用作信号天线的金属线。

现代工业文明明亮的城市照明和光污染已经剥夺了很多我们与天空之间的紧密联系。但是到了灾难之后，你将需要重新掌握天体的排列，建立你与季节韵律之间的联系。这并不是无关紧要而又神秘的天文学琐事：这种能力可以让你计划农业周期，避免饿死，并防止你在野外迷失。

最伟大的发明

"我们不应该停止探索

而我们探索的终点

应该是回到起程之处

并且第一次懂得那个地方。"

——托马斯·斯特尔那斯·艾略特,《四个四重奏》(1943)

在本书中,我们探讨了很多对任何文明而言都至关重要的主题,如可持续的农业和建筑材料,以及一旦恢复中的后末日社会发展到了较先进的阶段,便会成为必需的一些高级技术。我们在知识网络中探寻了技术捷径和需要成为发展目标的关键技术,以及如何跨越中间阶段,直接得到高级但仍然可能实现的解决方案。

然而,哪怕拥有了本手册中论及的所有关键技术,新社会也未必一定能发展到现今的技术水平。历史上曾经有过很多繁荣兴盛的伟大社会,在当时的世界上,它们的知识财富和技术力量犹如宝石般熠熠生辉,但是大多数这样的社会都在某处停滞了,达到一种静止而平衡的状态,不再有进一步的发展,或者干脆分崩离析。事实上,我们当前文明的持续进步称得上一种历史反常。欧洲社会不断进步，历经文艺复兴、农业和科学革命、启蒙运动以及工业革命，创造了我们今天身处的机械化、电气化、全球互联互通的社会。但是科学发展或技术创新的持续并不是必然的，即便是生机勃勃的社会也可能丧失更进一步的动力。

中国是一个格外有趣的例证。很多个世纪以来，中国文明在技术上一直远远领先于世界其他地方。中国发明了现代马具、独轮手推车、纸、活字印刷、航海罗盘和火药——全部都是我们在本书中提到过的改变世界的发明。中国的织工凭借一个总动力源，用多部精纺机制作纱线，而且他们操作过机械轧棉机和复杂的织布机。中国人开采了煤炭，并且发现了如何将它转化为焦炭；利用过大型竖直水车、杵锤；比欧洲人早1 500年使用鼓风炉制造生铁，再将其精炼成熟铁。到了14世纪末，中国已经达到了欧洲直到18世纪才发展出的技术水平，看上去好像要发起一场它自己的工业革命。

不过，令人吃惊的是，当欧洲开始从漫长的黑暗时代走向文艺复兴，中国的进步却慢了下来，并最终走向停滞。中国的经济继续增长，这主要归功于内部贸易，增长的人口享受着持续不变的高生活水平。但是具有重大意义的技术进步，却再也没有出现过，而且事实上，一些创新后来还被丢掉了。三个半世纪之后，欧洲赶了上来，英国开始了工业革命。

那么，为什么是18世纪的英国，而不是14世纪的中国或者那时的任何一个欧洲国家催生出这一转变过程？为什么在那里？为什么在那时？

工业革命包括了织物制造效率的提高——纺织的机械化，以及

最伟大的发明

这些传统上以家庭为基础的小规模生产活动向大型集中式棉纺厂的转移——和钢铁制造与蒸汽机方面的进步。工业化进程一旦开始，就会从自身受益，并加速生产方式的转变：以煤为燃料的蒸汽机为煤矿排水，从而可以开采更多煤炭，为鼓风炉提供燃料，生产铁和钢，再以此为原料建造更多蒸汽机和其他机械。但是一开始使这一切成为可能的条件是相当独特的。要想制造出机器来减轻人类的辛劳，工程学和冶金学固然要达到一定的水平，但是工业革命的主要诱因却并不是知识，而是一种特定的社会经济环境。

制造出复杂且昂贵的机械或者工厂来完成人们使用传统方法便已经能够做到的事情，必须有一定的收益才行得通。多种特定因素同时出现在了18世纪的英国，为工业化提供了必备动力和机遇。当时，英国不仅拥有充足的能源（煤炭），还有昂贵劳动力（高工资）与低资本价格（借钱从事大型项目的能力）结合的经济。这样的环境鼓励人们用资本和能源来代替劳工：工人们被自动纺纱机和织布机替换了。英国的经济条件使最初的工业主义者们拥有了获得巨大收益的可能，使他们有动力向机械化投入巨大资本。另外，14世纪末的中国尽管能够开采煤炭，用焦炭做鼓风炉的燃料，织物制造实现了机械化，却不具备推动一场工业革命的有利经济条件。当时中国的劳动力很便宜，潜在的工业主义者们无法指望通过提高生产效率的创新获得太大收益。

因此，科学知识和技术能力对文明的进步来说是必要条件，却并不是充分条件。如果后末日时代的社会被打回到了田园牧歌的原始水平，它未必还会再经历一次工业革命，哪怕拥有本书提供的所有关键知识。归根结底，是社会和经济因素决定了科学探索能否兴盛，或者创新会不会被采纳。本书一直有一个潜在的假定，那就是后末日文明的幸存者想要沿着我们的发展轨迹过上工业化的生活。我无意争论技术是否一定会让人们更加幸福，但是我认为这样一个观点是难以辩驳的：一个生活方式严苛艰苦，仅仅拥有最基础的卫生保健，还要为了生存而艰苦奋斗的社群，肯定会对运用科学原理改善他们生活水平的做法心存感激。但是文明的技术进步何时会到达顶峰，只会让之后的发展带来的收益缩水呢？或许一旦拥有了稳定的经济、合理的人口以及持续开采自然资源的能力，这样的文明便会在某个技术水平达到平衡，再无进步或退步。

科学方法

这本书显然并不是你从零开始重建世界所需全部信息的完整纲要。大量材料都不得不被忽略了。我们基本上只关注了用于制造农业肥料或者工业试剂的无机化学，而不是有机分子的合成或转化。有机化学在20世纪已经变得越来越重要：处理原油分馏物、提纯天然药物成分或将其转化为更有效的形式、合成杀虫剂和除草剂、使食物的生产更加可靠，以及创造一大类其性质根本不存在于自然界的材料——塑料。

在生物学方面，针对如何培育特定动物或者植物、控制微生物，来喂饱你自己并保持健康，我们介绍了相关的知识。但是我们并没

最伟大的发明

有深究生物在分子层面上是如何运作的，如我们为什么需要吸入氧气、呼出二氧化碳，而植物却利用太阳能驱动与此相反的化学过程。

我们略过了很多材料科学和工程学原理，仅仅简略谈及了一切物质的基本组件：原子的结构和四种基本自然力。但并不是所有原子都是稳定的，放射性元素可以用来制造一种令人毛骨悚然的破坏性武器，却也能成为和平的电力之源，甚至让你确定我们这颗星球的年龄，一窥令人目眩的时间深井。在地球科学方面，我们忽略了板块构造理论，如下面这个令人震惊的观念：就像水面上被风吹动的树叶，大陆游移在地球表面，偶尔相互挤压冲撞，隆起形成山脉。世界并不是一成不变，而且古老得超出人的理解能力。而只有了这一深刻认识，我们才能够理解这一点———一代代的细微变化促成了生物演化的理论。所有这些，都是有待恢复中的社会通过研究重新探索并揭示的知识要点，同时本书给出的其他提示之间也有需要填补的空白。完成了这些工作之后，我们今天共同拥有的知识宝库才能够最终再次被建成。[1]

那么你该如何亲自发现知识？该用什么样的工具重新认识世界？让我们继续采用上一章里回归基础的方法，看一下自己生产新知识的最有效策略：科学。

---

1 我敢说，本书的很多读者都会因为一些他们认为重要的主题没有被提及而感到惊讶。我已经尽最大可能地涵盖了对文明的重启来说不可或缺的知识。要想重建一个能够运转的技术文明，你可以不了解人类演化或者太阳系里的其他行星，但若是不能有效地保持田地肥力或者制碱就不行了。不过，我非常希望通过网站 The-Knowledge. com 了解，你个人认为哪些知识对于从零开始重建文明至关重要，以及为什么。

一切科学探索的基础，是明白宇宙在本质上是机械的，它的组成部分以一种有序的方式互相作用，遵循普遍适用的定律而非听命于反复无常的神祇。在第一手经验和观测结果的基础上，通过理性思考，便可以揭示这些潜在的规则。首先而且最重要的是，科学是经验主义的，原则上一切都必须经过独立的检查和验证。你的结论不能仅仅基于逻辑，也不能只是接受过去或当前的权威（事实上也包括你手中的这本书）的宣示。所以，你要想为了自己的利益来控制你周围的世界，创造出物品或者技术来利用其特定效能，首先就要对自然定律有充分的理解。这种理解只能来自对世界的观察，以及对其行为模式的辨识。同样重要的是，你还要注意到不符合预期模式的现象：违背新自然现象的异常——比如电线旁边罗盘指针的颤抖或者霉菌周围的无菌空白。这需要你能够精确地测量事物，能够量化自然的不同属性，比较它们以及检测它们如何随时间变化。

因此，科学的绝对根基是经过精心设计和制造的测量仪器，以及标记测量结果的单位。比如说，带有均匀刻度的直棍是最简单的一种仪器：测量长度的尺子。但是对于一个根据你的测量有 6 个刻度长的物体，为了和别人沟通它的尺寸，他们需要知道你在使用的单位——刻度之间的精确距离。所以说从零开始恢复科学的关键在于创立一套测量单位。无论如何后末日时代的社会都需要测量系统。文明的基本功能包括，为实现建造或者旅行的目的而对距离的标注、为实现贸易的目的而对罐中的液体或者固体产品重量的称量，农业区域的管理或者课税、日间不同公民活动的计时。这些基本属性——

长度、体积、重量和时间——我们能用自己的感官直接体验到，也都容易量化。另外一些属性，如热量或者让人发麻的电流，我们能用感官遭遇到，但是要想测量它们，就需要设计巧妙的仪器了。

科学工具

大多数社会都发展出了自己的长度、容积或者重量测量单位。大部分被采用的单位在人类尺度上都与日常生活息息相关：1磅重量相当于一捧肉或者谷物，1秒钟大体上相当于一次心跳。事实上，很多传统单位都是基于身体的尺度，如英尺（足）、英寸（拇指）、腕尺（前臂）和英里（罗马人的1 000步）。然而，这些单位的问题在于，它们不仅因人而异，往往还会有非常麻烦的单位转换问题：1英里等于1 760码、5 280英尺或者63 360英寸。理想情况下，你需要一套互相关联的标准化单位，能够涵盖便于使用的尺度层级。

当今全球科学界都在使用，而且在各国当局和商业领域几乎也通用的公制，是18世纪90年代在法国大革命的重构激情中诞生的。[1]

---

1 只有美国和英国还没有完全采纳这一系统。在这两个国家，过时的单位仍然被使用着，路牌和车量速度表上标着英里，餐厅和俱乐部供应的饮料以品脱计量。这一现状的历史原因是，拿破仑召开1798年国会以促进各国采纳新建立的公制时，排斥了英语国家——英国刚刚在阿布吉尔湾海战（尼罗河战役）中击沉了法国舰队，所以没有收到参会邀请。

　　国际单位制（SI，法语 Système International 的缩写）仅仅定义了 7 个基本单位，包括长度、质量、时间和温度，其他度量单位都可以用这些基本单位的组合自然推导出来。比这些基本单位更小或者更大的单位只能用方便计算的 10 为倍数得出，并以商定的前缀来表示。比如，米（meter）是长度的标准单位，较小的物体以比米更小的单位描述——1 厘米（centimeter）是 0.01 米，1 毫米（millimeter）是 0.001 米 —— 较大的距离以比米更大的单位描述，如 1 千米（kilometer）是 1 米的 1 000 倍。

　　和米一样，时间也有其基本单位——秒。仅仅以这两种单位为基础，通过乘除运算，你就能推导出大量其他单位。两个距离相乘（比如一块矩形田地的长和宽）得出面积，因此面积单位永远是距离的平方。三个维度的距离相乘得出体积，其单位是距离的立方。用一个量除以时间可以告诉你它变化得有多快，也就是变化率。因此，用距离除以时间得到的是速度单位，如千米每小时，再次除以时间就会得出物体加速或者减速有多快，这就是加速度。单位可以组合起来，通过进一步的推演描述更多物理性质。千克是质量的基本单位，物体的密度——以及它在液体中会漂浮还是下沉——是用质量除以体积得出的。质量和速度的结合则可以得到移动物体的动量和动能。

　　那么，如果找不到量杯、天平、能工作的钟表或者温度计，你该如何根据基本原理重建度量体系呢？

　　作为首要的基本单位，从米开始，你可以得出很多其他单位。

造一个正方体的容器，使其内部的每条边都有 10 厘米长（1 米的十分之一）。这个容器的容积是 1 000 立方厘米，或者 1 升。往容器里注满 0℃ 的纯水，这些水的质量正好是 1 千克。用一部做工精确的天平（需要的话可以在正中央悬挂一根坚硬的直棍），你可以通过把这 1 升水朝接近或者远离中轴的方向移动，创造出这个单位的任意下级或者上级单位。要想解决时间单位的问题，可以使用我们在上一章中用到的摆。朝一方摆动（也就是半个周期）耗时刚好 1 秒的摆长是 99.4 厘米，哪怕你用 1 米长的摆，误差仍然会在 3 毫秒以内——小于一次眨眼时间的 1/100。[1] 因此，仅仅从米开始，你就可以重建容积（升）、质量（千克）和时间（秒）的公制单位。

不过，你如何为灾难幸存者描述 1 米有多长，让他们借此解决其他所有问题呢？好吧，下面那条线长度刚好是 10 厘米，其他单位都可以依据它得到重建。

```
0   1   2   3   4   5   6   7   8   9   10
```

截至目前我们讨论过的所有物理量，都可以用非常简陋的器械测量——比如烧杯或者天平——但是你又该如何从零开始设计出精确的量具、仪表或者仪器来测量不那么容易看得见摸得着的属性，如压力或者温度呢？要想用科学的方法探求世界的内在机理，设计

1 　其实在历史上，这个推导是反向的。在 17 世纪，有人提议把米定义为半周期恰好等于 1 秒的摆的长度。这就是为什么英语中的 "米"（metre）还有诗歌或者音乐的韵律的意思。然而由于地球各地重力强度的不同对摆频率的影响，这个提议后来让位给基于地球尺寸的另一种定义方法。

新设备所需的通用原理是必不可少的，尤其是当你偶然发现了奇怪的新现象，希望理解它们时。

你首先需要发明的科学仪器当中，有一个与一种令人困惑的观察结果密切相关：抽水机永远只能把水抽到约10米的高度，在"为民供能"一章当中我们也提到过这种现象。在一根长管中注满水，两端封闭，然后悬挂在一座高塔上。把底端浸泡在一盆水里，然后去除底部的密封。水会在重力作用下流出来，但不会全部流出，你会发现无论怎样设置实验，剩下的水柱高度总是大约10.5米（说来有趣，这也是抽水机从井里把水抽起来的最大高度）。在管子的最上方，你会注意到一段水流出后的空白区域，空气无法再进入那里——真空。支撑水柱重量的是茫茫空气之海——大气层——底部施加的力。环境压力的变化会以水柱的升高或者降低表现出来：这是个可运作的气压计。使用密度较大的液体可以制造出更加实用的气压计，大气压仅仅相当于76厘米高的水银（水则要有超过10米）。

这种气压计可以用任何玻璃管制造——这种结构的优雅之处是，它天生不受所用管子直径的影响（只要一直竖直使用）。水银柱越高，重量越大，但是这个重量被增大的大气压完美地平衡了：任何水银柱气压计都会立即告诉你同样的答案，不管其结构细节如何。

一旦拥有了新的仪器，就有了史无前例的探索世界的手段，这往往会带来新发现的大爆发。比如说，尝试带着你的气压计去爬山，看一下气压如何随着高度变化，或者你所在位置气压的细微涨落与

最伟大的发明

天气之间的模式和关联。今天的医生仍然以相应的水银柱高度为单位描述血压：心跳之间的正常值大约是 80 毫米汞柱。

测量温度需要更多一点机智。我们通过感官感知物体的温度——我们能够感觉到某个物体是热的还是凉的。但是你如何能制作一种设备，精确地测量那种主观体验，把热度量化呢？技巧是寻求与你的个人感受相关的物理效应：你会注意到物体往往会随着温度的升高而膨胀。所以下一步就是设计并制造一种利用这种物理现象的设备，给温度一种客观的表述。在一根细长玻璃管中注入部分液体，然后封住两端——这样的结构最大限度地凸显了膨胀的视觉效果——就能制造出一个简单的温度感知设备。把玻璃管贴在一根尺子上，液柱的高度便代表了温度，而你现在无须受主观感知的影响便可以客观地测量物体的相对凉热了。

不过，一件特定的仪器在不同温度下读取的液体高度以及由此得到的温度值，将完全依赖仪器的尺寸和其他结构特点（这与我们前面提到的简单气压计不同）：你无法将你的结果与其他任何人的做比较。你需要的是一个任何人都能测出并标在他们自己仪器上的尺度。要想做到这一点，你就需要一种方法来确定定点：总在同一温度发生，因而可以作为温度计基准的事件或者物理状态。以水为基础确定温度尺度似乎是一件很自然的事情，因为这种物质的状态变化发生在与日常生活相关的温度范围内——从结冰的冬日清晨到冒着热气的平底锅。一旦你确定了一高一低两个定点，把两者之间的范围均分出实用的刻度，形成有意义的温标，就是一件容易的事情了。摄氏温标把水的冰点和沸点作为定点，分别定义为0℃和100℃。[1] 但是如果不用水而用水银作为测温液体的话，你会发现水银的膨胀更加均匀，做成的温度计更加精确。如果要制作能够在水银沸点以上使用的温度计——比如用于烧窑或者熔炉——你需要借助其他物理现象。比如对电学的研究将揭示，电线的电阻往往会随着温度的升高而增大。

科学方法—续

这就是针对一切属性来设计可靠测量方法的基本过程。当恢复中的文明发现了前所未见的奇怪自然现象，新的科研领域就会随之出现。但是，只有先设计出方法，从这些现象中抽取属性，将它们转化为能被可靠测量的物理量，人们才有可能理解这些现象，并利用它们开发技术应用。比如，电被偶然发现时，研究者们苦苦寻求的量化这种新现象性质的方法，是对自己受到的电击强度进行的主观评估。但是随着电现象得到研究，人们注意到了它的一些可复现的效应，并意识到可以利用这些效应进行测量——比如使用电动机效应让指针在电流表表盘上偏转。这些科学仪器并不只是实验室里

1　在现实中，由于沸腾过程还与其他因素有关，如容器的粗糙程度对气泡形成的影响，一个大气压下过饱和水汽的温度才是更加稳定可靠的标准。

最伟大的发明

的新奇玩意儿，它们还是检查你的孩子有没有发热的体温计、监测你家中电流的电表、探测预示着大地震的前震的测震仪，或者在医院血检时检测痕量指示剂的分光仪。

这些测量世界的设备以及它们所使用的标准单位，是科学的基本工具。只有通过专注的探求，才能够得到关于世界的知识，或者一个更好的方法是，谨慎地设置人工环境，细致调查某个特定属性。这就是实验的本质。

人工约束条件，试图把干扰性或者复杂化的因素屏蔽掉，使你能够仅仅专注于几个方面的行为方式，这样的研究方法叫作实验。做实验就是向宇宙发出一条措辞明确的提问，并急切地等待它如何回答。实验方法要解决的问题，是不满足于自然凑巧向你展现出来的样子，所以要用不同的方式去试探，迫使它把一些被你严格定义的方面显露出来。一旦你已经控制了所有复杂化因素，确认了仅仅一个因素会产生什么样的影响，就可以转而研究下一个，并以此类推、有条不紊地探寻整个体系，直到你理解了所有这些是如何构成一个整体的。

除了扩展人类感官以及测量不同类型测试结果的仪器——温度计、显微镜或者磁力计，人们往往还需要新的设备来满足特定实验对场景严格限定的要求，这就是设计用来创造特定环境供你研究的特制科学器材。同样重要的是，你的观察和实验结果需要用数字来记录——在定性描述的基础上记录下哪些物理量得到了测量和精确的量化。不过，仅仅列举出数字来精确地比对结果还远远不够，数学语言也可以作为一种有力的工具来准确描述自然的行为和模式，以及不同部分之间的相互作用。一个公式便是对一种复杂现实的总结，或者说是其本质。使用了数学语言，你就可以计算出，在不曾被观察过的新条件下，应该有什么样的期望结果，换言之，你可以做出精确的预测。[1]

然而除却这些细致的观察、复杂的实验和精练的公式，科学的绝对本质是，它提供了一种机制，让你决定哪一个解释最有可能是正确的。任何有想象力的人都可以编造出一个故事，干净利落地解释世界的运行方式——雨从何处而来、物体燃烧时发生了什么，或者豹子怎么会长着斑点。但是除非你有可靠的方法选择哪一个最有可能是正确的，这些故事便都不过是一些娱人的消遣——比如宣扬原因论的儿童故事。

基于他们已经掌握的知识和已经确立的理论，科学家构建出最可能的故事——这种故事叫作假说，然后设计实验去检验这个故事的不同预测——系统地刺探和检验假说，看一下它有多么适用，或者为了获得信息，以利于在互相竞争的提议之间做出选择。如果假说经受住了很多次实验或者观测的检验也没有发现缺陷，那么它就成了一个有着充分依据的理论，我们可以有信心地用它来解释其他未知的方面。但是即便如此，仍然没有任何理论是永远无懈可击的：

---

1 数学是本书没有深入探讨的一个主题。对工程设计来说，计算显然是很重要的，数学也是表达物理定律的语言，但是它并无助于在本书的范围内解释普遍原理。

它本身有可能被推翻，被它无法解释的新观测结果削弱，并被更加符合观测数据的解释代替。科学的本质在于不断承认你是错误的，并接受新的、概括性更强的模型。因此，和其他信仰体系不同的是，科学实践能确保我们的故事随着时间的推移不断变得更精确。

通过这样的方式，科学不是在列举你知道什么，而是在解决你该如何知道的问题。它不是一个产品，而是一个过程，是在观测和理论之间来回往复、永无休止的对话，是判断哪些解释正确、哪些错误的最高效方法。这就是为什么科学作为一个理解世界运作的体系会如此有用——就像一部强大的知识生产工具。这也是为什么科学方法本身才是最伟大的发明。

但是在后末日世界的艰难困苦当中，你不会立即关心为了知识积累而获取知识——你会希望将知识应用于改善你的处境上来。

科学与技术

科学知识的实际应用是技术的基础。任何技术的运作原理都利用了某种特定的自然现象。比如钟表便应用了这样一个发现：长度确定的摆会以不变的频率摆动，而这种可靠的规律性可以用来测量时间。白炽灯泡则是基于这样一个事实：电阻使金属丝发热，而很热的物体会发光。事实上除了最简单的那些，几乎所有技术都利用了一大批不同的自然现象，控制并安排了多种效果来达成既定的目标。新的技术总是建立在旧的技术之上，借用之前开发出的方案应用在新的情况之中，就好像在取用现货供应的零件。在一项发明中，创新的部分往往只是既有零件的巧妙组合，我们已经细致探讨过两个例证：印刷机和内燃机。每一项新技术都提供了新功能或者改进，而它本身又可以被集成到进一步的创新当中——技术产生更多技术。

我们在本书中已经看到，历史见证了科学与技术的密切互动。研究者发现了一种之前未知的现象，而这主要表现为出现了一种无法用任何已知现象解释的观察结果，接下来研究者就会探索它的多种影响，学习如何最大限度地利用和控制它们。驾驭这些新增的原理，能使人们创造出新的工具或者其他发明，减轻人类的辛劳或者丰富日常生活——把特异性转变成实用性的过程。利用新的原理还可以制造新的科学仪器和实验，用新的方式审视和度量自然，推动更多的基础性发现、揭示更多的自然现象。科学和技术有着亲密的共生关系——科学发现推动技术进步，而技术进步又使更多知识得以创生。

当然，并不是所有的创新都直接利用了最近的发现——手纺车就是以实用主义为原则解决问题的产物——甚至蒸汽机这一备受推崇的工业革命的标志性技术，最初被开发出来也主要是凭借经验性的知识和工程师们的实践直觉，而不是理论上的思考。实际上，在我们历史上的很多实例中，发明者并未正确理解其创造物背后的工作原理，但他们的发明还是管用的。比如罐装保存食品的做法被采用，要远早于人们接受细菌理论以及发现微生物引起的腐败。

最伟大的发明

　　哪怕对涉及的现象有着正确的科学理解，创造出管用的发明所需要的也远远不只是一次想象力和创造力的爆发。任何成功的创新都需要对设计进行长期的修补和纠错，然后其运作才足够可靠，达到可以被广泛采用的程度——这就是美国发明家托马斯·爱迪生（Thomas Edison）所说的，在 1% 的灵感之外是 99% 的汗水。严密而有条理的研究方法不仅能够推动科学发展，在这里也同样适用，只不过分析对象不是自然世界，而是我们的人工结构——用初生的技术做实验来了解它的弱点，并提高它的效率。

　　灾难的幸存者将会领悟到科学知识和批判性分析的重要性，若想尽量长久地保持现有技术，这些都是必需的，但是经过几代人之后，社会必须保护自己不会沦落到迷信和巫术的理性昏迷当中，我们必须培养一种好问爱学、善于分析、基于实证的思维模式，才能迅速获得自己的技术能力。这是幸存者必须保持的不灭的火焰。凭借理性的思考，我们才能大幅提高食物生产率，掌握棍棒和火石之外的材料，驾驭我们自己肌肉之外的力量，建造能把我们送到自己的脚力所不能及之处的交通方式。科学建造了我们的现代世界，重建它的，也必将还是科学。

结语

　　对于当前知识与技术的宏大体系，本书能够提供的仅是一些初步的认识。但是在加速重启的过程中，我们探讨的领域对培养初生的文化而言将是最为重要的，而且可以使它重新掌握其他所有知识。我希望通过了解文明来采集和制造所有基础资料的实际方式，你会像我在为了撰写本书而做研究时那样，对我们在现代生活中已经习以为常的事物心存感激：充足多样的食物、格外有效的医疗、省力舒适的交通以及充足的能源。

　　人类第一次对地球造成显著的影响是在大约 1 万年前，当时全世界有大约一半的大型哺乳动物突然消失了——懂得团队合作、掌握了石斧和石制矛尖等高级狩猎技术的我们，是促成这次灭绝的首要嫌疑人。接下来的一万年时间里，随着人类定居并清理居所周围的土地，地中海周围和北欧的森林出现了稳定的萎缩。300 年前，人口开始迅速增长，最终每一块适合农业生产的土地都得到了开垦。出现显著变化的不仅是地貌，还有整个星球的化学构成，因为累积了几亿年的碳被从地下挖掘出来，随着日益升高的热情被排放进大气层。大气中二氧化碳水平的升高，改变了世界的气候，推动了全球变暖，抬升了海平面，造成海水的酸化。零散的小镇与城市像菌

291

落一般膨胀合并，道路像缎带一般披挂在高低起伏的地表，在大的城区周围回转成环，在主要的交会处纠缠出壮观复杂的立交桥。越来越多的金属造物在全世界的陆地和海洋来回涌动，在天空中穿梭，有一些甚至冲出了大气层。在夜间，这种无止无休的狂热活力，在太空中也能看得一清二楚，人工光源构成的发光节点和线条已经交织成网，勾勒出了大陆的轮廓。

接下来是一片寂静。

全世界的交通网络突然停顿，光源构成的网络暗淡消失，城市荒废瓦解。

重建需要多长时间？全球性的灾难之后，技术社会要多久才会恢复？重建文明的关键，可能就在本书中。